ALMA E CORAÇÃO

Francisco Cândido Xavier

ALMA E CORAÇÃO

Pelo Espírito de
Emmanuel

Editora
Pensamento
SÃO PAULO

Copyright © 1970 Editora Pensamento-Cultrix Ltda.
1ª edição 1970.
33ª reimpressão 2023.

Todos os direitos reservados. Nenhuma parte deste livro pode ser reproduzida ou usada de qualquer forma ou por qualquer meio, eletrônico ou mecânico, inclusive fotocópias, gravações ou sistema de armazenamento em banco de dados, sem permissão por escrito exceto nos casos de trechos curtos citados em resenhas críticas ou artigos de revistas.

Direitos reservados
EDITORA PENSAMENTO-CULTRIX LTDA.
Rua Dr. Mário Vicente, 368 - 04270-000 - São Paulo, SP
Fone: (11) 2066-900
E-mail: atendimento@editorapensamento.com.br
http://www.editorapensamento.com.br
Foi feito o depósito legal.

Índice

Prefácio		7
Alma e Coração		9
1	Começar de Novo	11
2	Amarás Servindo	13
3	Ambientes	15
4	Passo Acima	17
5	Donativo do Coração	19
6	Dar	21
7	Teu Lugar	23
8	No Crediário da Vida	25
9	Ante a Lei do Bem	27
10	Ambiente Pessoal	29
11	Tua Mente	31
12	Para o Reino de Deus	33
13	De Sol a Sol	35
14	Provações dos Entes Queridos	37
15	Seguirás a Luz	39
16	Efeito do Perdão	41
17	Heroísmo Oculto	43
18	Entre Deus e o Próximo	45
19	Energia e Brandura	47
20	Acima de Nós	49
21	Perturbação e Obsessão	51

22	Serás Paciente	53
23	Ideal e Ação	55
24	Perdão na Intimidade	57
25	Sementes Divinas	59
26	Ataques nas Boas Obras	61
27	Companheiros Difíceis	63
28	Julgamentos	65
29	Distúrbios Emocionais	67
30	Fortuna	69
31	Inimigos Outros	71
32	Falar e Ouvir	73
33	Familiares Queridos	75
34	Apoio Espiritual	77
35	Tua Posse	79
36	Em Matéria de Fé	81
37	Paz de Espírito	83
38	Reações	85
39	Auxiliarás por Amor	87
40	Nossos Problemas	89
41	Indicação da Vida	91
42	Perante os Caídos	93
43	Perto de Ti	95
44	Conversa em Família	97
45	Amparo Mútuo	99
46	Auxílio Moral	101
47	Ofensas e Ofensores	103
48	Provações e Orações	105
49	Dar e Fazer	107
50	Como Perdoar	109
51	Não Somos Exceções	111
52	Opositores	113
53	Discussões	115
54	Na Sublime Iniciação	117
55	Nossa Parcela	119
56	Deus Virá	121
57	Acontece o Melhor	123
58	Serviço a Quem Serve	125
59	Em Torno da Virtude	127
60	Confia em Deus	129

Prefácio

Nesta hora, em que tantos povos têm a sua paz conturbada e inúmeros lares se debatem, desajustam e dissolvem para agravar as aflições da humanidade, o mundo está mais do que nunca necessitado e ansioso por um lenitivo, uma luz que brote da alma e do coração, e não mais do cérebro frio e nebuloso. Daí a oportunidade deste livro, cujo título condiz muito bem com o seu contexto, tão ameno e acolhedor que se nos afigura um prado florido e risonho, aberto ao cansado viajor que ali busque passar horas de descanso e reflexões.

Acode ainda a circunstância de haverem suas linhas fluído da pena de alguém que, tendo feito do sadio Espiritualismo o seu sacerdócio mais sagrado, tem dedicado toda a sua vida a aliviar as agruras morais e físicas de seus semelhantes, tanto por seus atos como por suas palavras. Isto porque ele não é um simples teórico, mas um praticante vivo e sempre ativo do bem.

Assim é que o leitor terá aqui, à sua frente, uma estimuladora mensagem, distribuída em sessenta curtos e bem concatenados capítulos sobre variados temas confluindo todos, qual regatos de luz, para o mesmo oceano da Verdade, que é Deus, e sedentando as almas peregrinas provenientes de todas as origens.

Em cada capítulo poderá o interessado ter um tema para meditação. Se em cada um deles meditar, e o praticar até o fim, logrará construir dentro de si um mundo feliz, que o ajudará, nesta existência, a aproximar-se um pouco mais da fonte da tão sonhada e decantada felicidade, porém realmente buscada por tão poucos.

Publicando esta obra, cremos estar contribuindo para que sua mensagem logre alcançar todas as almas, iluminar seus corações e harmonizar suas mentes, e desta sorte levá-las a trilhar nobremente a senda da espiritualidade, a única capaz de lhes aliviar as amarguras da vida e conduzi-las ao "reino de Deus", que está mais dentro do que fora de cada um de nós.

Oxalá se confirme e concretize nossa crença, para que tanto o autor como os editores se sintam compensados em seu intento e esforços.

Os EDITORES.

Alma e Coração

A ti, leitor amigo, uma ligeira explicação quanto às páginas deste livro.

Não resultam de constantes estudos, no recinto de bibliotecas preciosas, porque todas nasceram na fonte da experiência.

Reunidos à luz da oração* — os companheiros encarnados e nós outros, os amigos domiciliados do Mais Além —, grafamo-las no curso de reflexões e debates sobre milenares problemas do destino e do ser, da indagação e da dor. Após destacar esse ou aquele tópico da Doutrina Espírita que nos revive o Evangelho de Jesus, permutávamos impressões e comentários acerca das verdades fundamentais e simples do Universo.

À face disso, são elas fragmentos de amor, colhidos em diálogos fraternos, no tentame de ajustar-nos às realidades do Espírito.

Muitas vezes, os generosos interlocutores que nos honravam com atenção e palavra procediam não só de círculos laureados de

---

*Todas as páginas publicadas neste livro foram psicografadas em reuniões públicas da Comunhão Espírita Cristã, em Uberaba, Minas Gerais. (*Nota do Médium.*)

conquistas acadêmicas, mas igualmente de laboriosas oficinas da vida prática; não apenas de austeros deveres do lar, mas também dos torturados distritos da adversidade e da provação que burilam a existência. E muitos outros, por bondade, nos traziam os ouvidos ansiosos, lubrificados de lágrimas ou atormentados de angústia, com fome de esperança e sede de Deus.

Irmanados no objetivo único de buscar o progresso espiritual, trocávamos, então, os mais íntimos pensamentos, nos ajustes amigos de que este despretensioso volume nasceu em nossa renovadora seara de fé.

Releva-nos, pois, se te dedicamos um livro tão singelo quanto às possibilidades de expressão de que dispomos. Crê, no entanto, que todo ele é entretecido por fios de alma e coração nos votos que formulamos ao Senhor para que nos ilumine e nos abençoe, a fim de que, nas trilhas do amanhã, te possamos oferecer algo de mais proveitoso e de melhor.

EMMANUEL

1
Começar de Novo

Erros passados, tristezas contraídas, lágrimas choradas, desajustes crônicos!...

Às vezes, acreditas que todas as bênçãos jazem extintas, que todas as portas se mostram cerradas à necessária renovação!... Esqueces-te, porém, de que a própria sabedoria da vida determina que o dia se refaça cada amanhã.

Começar de novo é o processo da Natureza, desde a semente singela ao gigante solar.

Se experimentaste o peso do desengano, nada te obriga a permanecer sob a corrente do desencanto. Reinicia a construção de teus ideais, em bases mais sólidas, e torna ao calor da experiência, a fim de acalentá-los em plenitude de forças novas.

O fracasso visitou-nos em algum tentame de elevação, mas isso não é motivo para desgosto e autopiedade, porquanto, freqüentemente, o malogro de nossos anseios significa ordem do Alto para mudança de rumo, e começar de novo é o caminho para o êxito desejado.

Temos sido talvez desatentos, diante dos outros, cultivando indiferença ou ingratidão; no entanto, é perfeitamente possível refazer atitudes e começar de novo a plantação da simpatia, oferecendo bondade e compreensão àqueles que nos cercam.

Teremos perdido afeições que supúnhamos inalteráveis; todavia, não será justo, por isso, que venhamos a cair em desânimo. O tempo nos permite começar de novo, na procura das nossas afinidades autênticas, aquelas afinidades suscetíveis de insuflar-nos coragem para suportar as provações do caminho e assegurar-nos o contentamento de viver.

Desfaçamo-nos de pensamentos amargos, das cargas de angústia, dos ressentimentos que nos alcancem e das mágoas requentadas no peito! Descerremos as janelas da alma para que o sol do entendimento nos higienize e reaqueça a casa íntima.

Tudo na vida pode ser começado de novo para que a lei do progresso e do aperfeiçoamento se cumpra em todas as direções.

Efetivamente, em muitas ocasiões, quando desprezamos as oportunidades e tarefas que nos são concedidas na Obra do Senhor, voltamos tarde a fim de revisá-las e reassumi-las, mas nunca tarde demais.

2
Amarás Servindo

Amarás servindo.

Ainda quando escutes alusões em torno da suposta decadência dos valores humanos, exaltando a força das trevas, farás da própria alma lâmpada acesa para o caminho.

Mesmo quando a ambição e o orgulho te golpeiem de suspeitas e de rancores o espírito desprevenido, amarás servindo sempre.

Quando alguém te aponte os males do mundo, lembrar-te-ás dos que te suportaram as fraquezas da infância, dos que te auxiliaram a pronunciar a primeira oração, dos que te encorajaram os ideais de bondade no nascedouro, e daqueles outros que partiram da Terra, abençoando-te o nome, depois de repetidos exemplos de sacrifício para que pudesses livremente viver. Recordarás os benfeitores anônimos que te deram entendimento e esperança, prosseguindo fiel ao apostolado de amor e serviço que te legaram...

Para isso, não te deterás na superfície das palavras.

Colocar-te-ás na posição dos que sofrem, a fim de que faças por eles tudo aquilo que desejarias que te fizessem nas mesmas circunstâncias.

Ante as vítimas da penúria, imagina o que seria de ti nos refúgios de ninguém, sob a ventania da noite, carregando o corpo exausto e dolorido a que o pão mendigado não forneceu suficiente alimentação; renteando com os doentes desamparados, reflete quanto te doeria o abandono sob o guante da enfermidade, sem a presença sequer de um amigo para minorar-te o peso da angústia; à frente das crianças despejadas na rua, pensa nos filhos amados que conchegas ao peito, e mentaliza o reconhecimento que experimentarias por alguém que os socorresse se estivessem desvalidos na via pública; e, perante os irmãos caídos em criminalidade, avalia o suplício oculto que te rasgaria entranhas da consciência, se ocupasses o lugar deles, e medita no agradecimento que passarias a consagrar aos que te perdoassem os erros, escorando-te o passo, das sombras para a luz.

Ainda mesmo quando te vejas absolutamente a sós, no trabalho do bem, sob a zombaria dos que se tresmalham temporariamente no nevoeiro da negação e do egoísmo, não esmorecerás. Crendo na misericórdia da Providência Divina e nas infinitas possibilidades de renovação do homem, seguirás Jesus, o Mestre e Senhor, que, entre a humildade e a abnegação, nos ensinou a todos que o amor e o serviço ao próximo são as únicas forças capazes de sublimar a inteligência para que o Reino de Deus se estabeleça em definitivo nos domínios do coração.

3
Ambientes

Importante pensar que não apenas teremos o que damos, mas igualmente viveremos naquilo que proporcionamos aos outros.

Daí o impositivo de doarmos tão-somente o bem, integralmente o bem.

Se em determinada faixa de tempo criamos a alegria para os nossos semelhantes e criamos para eles o sofrimento em outra faixa, nossa existência estará dividida entre felicidade e desventura, porque teremos trazido uma e outra ao nosso convívio, arruinando valiosas oportunidades de serviço e elevação.

Se oferecemos azedume, é óbvio que avinagraremos o sentimento de quem nos acolhe, de cuja colaboração necessitamos, reavendo, em câmbio inevitável, o mesmo clima vibratório, como quem recolhe água inconveniente para a própria sede, após agitar o fundo do poço.

Se atiramos crítica e ironia à face do próximo, de outro ambiente não disporemos para viver senão aquele que se desmanda em sarcasmo e censura.

Certifiquemo-nos de que não somente as pessoas, mas os ambientes também respondem. Queiramos ou não, somos constrangidos a viver no clima espiritual que nós mesmos formamos.

Pacifiquemos e seremos pacificados.
Auxilia e colherás auxílio.
Tudo o que espiritualmente verte de nós, regressa a nós. "Dá e dar-se-te-á" — asseverou Jesus. O ensinamento não prevalece tão-só nos domínios da dádiva material propriamente considerada. Do que dermos aos outros, a vida fatalmente nos dá.

4
Passo Acima

Burilamento moral e prática do bem constituem o clima da caminhada para a frente, no Reino do Espírito, mas não podemos esquecer que todo obstáculo é marcador de oportunidade do passo acima, na senda de elevação.

Na escola, forma-se o aluno, teste a teste, para que se lhe garanta o aprendizado cultural.

No educandário da vida, o espírito, de prova em prova, adquire o mérito indispensável para a escalada evolutiva.

Toda lição guarda objetivo nobilitante, que se deve alcançar através do estudo.

Qualquer dificuldade, por isso, se reveste de valor espiritual, que precisamos saber extrair para que se faça acompanhar do proveito justo.

Em qualquer estabelecimento de ensino, variam as matérias professadas.

Em toda existência, as instruções se revelam com caráter diverso.

É assim que a hora do passo acima nos surge à frente, com expressões sempre novas, possibilitando-nos a assimilação de qualidades superiores, em todos os sentidos.

Tentação — degrau de acesso à fortaleza espiritual.

Ofensa recebida — ocasião de ganhar altura pela trilha ascendente do perdão.

Violência que nos fere — ensejo para a aquisição de humildade.

Sofrimento — vereda para a obtenção de paciência.

Necessidade do próximo significando em nós o impositivo da prestação de serviço.

Quando a incompreensão ou a intolerância repontam nos outros, terá chegado para nós o dia de entendimento e serenidade.

Não te revoltes, nem te abatas, quando atribulações te visitem. Desespero e rebeldia, além de gerarem conflito e lágrimas, são as respostas mais infelizes que podemos dar aos desafios edificantes da vida.

Deus não nos confiaria problemas, se os nossos problemas não nos fossem necessários.

Todo tempo de aflição é tempo do passo acima. De nós depende permanecer acomodados à sombra ou avançar, valorosamente, para a obtenção de mais luz.

5
Donativo do Coração

Todos possuímos algo para dar, seja dinheiro que alivie a penúria, instrução que desterre a ignorância, auxílio que remova a dificuldade ou remédio que afaste a doença.

Existe, porém, uma dúvida que todos podemos compartilhar, indistintamente, com absoluta vantagem para quem recebe e sem a mínima perda para quem dá.

Referimo-nos à bênção da coragem.

Quantos terão caído de altos degraus do bem, no ápice da resistência ao mal, por lhes faltar calor humano, através de uma frase afetuosa e compreensiva? Quantos terão desertado de suas tarefas enobrecedoras, com evidente prejuízo para a comunidade, precisamente na véspera de vitorioso remate, unicamente por lhes haver faltado alguém que lhes suplementasse as forças morais periclitantes com o socorro de um gesto amigo? E quantos outros tombam diariamente na frustração ou na enfermidade, tão-só porque não encontram senão azedume e pessimismo na palavra daqueles de quem estão intimados à convivência?

Não te armes apenas de recursos materiais para combater o infortúnio. Aprovisiona-te de fé viva e esperança, compreensão e otimismo, para que teu verbo se faça lume salvador, capaz de reacender a confiança de tantos companheiros da Humanidade, que trazem o coração no peito à feição de lâmpada morta.

Não deixes para amanhã o momento de encorajar os irmãos do caminho no serviço do bem.

Faze isso hoje mesmo. Estende-lhes a alma no apelo ao bem e fala-lhes da própria imortalidade, do tesouro inexaurível do tempo e dos recursos ilimitados do Universo. Induze-os a reconhecer as energias infinitas de que são portadores e auxilia-os a descobrir a divina herança de vida eterna que lhes palpita no imo do espírito, ainda mesmo quando estirados nas piores experiências.

Seja tua palavra clarão que ampare, chama que aqueça, apoio que escore e bálsamo que restaure.

Sempre que te disponhas a sair de ti mesmo para o labor da beneficência, não olvides o donativo da coragem! Ajuda ao próximo por todos os meios corretos ao teu alcance, mas, acima de tudo, ajuda ao companheiro de qualquer condição ou de qualquer procedência a sentir-se positivamente nosso irmão, tão necessitado quanto nós da paciência e do socorro de Deus.

6
Dar

As maiores transformações de nossa vida surgem, quase sempre, das doações que fizermos.

Dar, na essência, significa abrir caminhos, fundamentar oportunidades, multiplicar relações.

Muitos acreditam ainda que o ato de auxiliar procede exclusivamente daqueles que se garantem sobre poderes amoedados. Em verdade, ninguém subestime o bem que o dinheiro doado ou emprestado consegue fazer; entretanto, não se infira daí que a doação seja privilégio dos irmãos chamados transitoriamente à mordomia da finança terrestre.

Todos podemos oferecer consolação, entusiasmo, gentileza, encorajamento.

Às vezes, basta um sorriso para varrer a solidão. Uma frase de solidariedade é capaz de estabelecer vida nova no espírito em que o sofrimento crestou a esperança.

A rigor, todas as virtudes têm a sua raiz no ato de dar. Beneficência, doação dos recursos próprios. Paciência, doação de tranqüilidade interior. Tolerância, doação de entendimento. Sacrifício, doação de si mesmo.

Toda dádiva colocada em circulação volta infalivelmente ao doador, suplementada de valores sempre maiores.

Quem deseje imprimir mais rendimento e progresso em suas tarefas e obrigações, procure ampliar os seus dispositivos de auxílio aos outros e observará sem delonga os resultados felizes de semelhante cometimento. Isso ocorre porque em todo o Universo as Leis Divinas se baseiam em amor — no que, no fundo, é a onipresença de Deus em doações eternas.

Em qualquer soma de prosperidade e paz, realização e plenitude, o serviço ao próximo é a parcela mais importante, a única, aliás, suscetível de sustentar as outras atividades que compõem a estrutura do êxito.

Dá do que possas e tenhas, do que sejas e representes, na convicção de que a tua dádiva é investimento na organização crediária da vida, afiançando os saques de recursos e forças dos quais necessites para o caminho.

"Dá e dar-se-te-á"— ensinou-nos o Cristo de Deus.

Unicamente pela bênção de dar é que a vida de cada um de nós se transformará numa bênção.

7
Teu Lugar

Surgem lances obscuros na existência, nos quais aflições dispensáveis nos visitam o espírito, no pressuposto de que nos achamos fora do plano que nos é próprio.

Quiséramos impensadamente exercer a função de outrem e, e ao mesmo tempo, solicitar que outrem se encarregue da nossa.

Isso, porém, seria tumultuar a Ordem Divina.

Não ignoramos que os Emissários do Senhor nos conhecem de sobra aptidões e recursos. Assim como ocorre aos engenheiros responsáveis por edificação determinada, que não instalariam o cimento em lugar do vidro, os Organizadores da Vida não nos designariam posição estranha às nossas possibilidades de rendimento maior na construção do Reino de Deus.

Dentro do assunto, não nos será lícito esquecer que a promoção é ocorrência natural e eleva-nos de nível, mas promoção realmente aparece tão-só quando nos melhoramos conquistando degraus acima.

A rigor, porém, urge reconhecer que nos achamos agora precisamente no ponto e no posto em que nos é possível produzir mais e melhor. A certeza disso nos fortalece a noção de responsabilidade, porquanto, cientes de que a Eterna Sabedoria nos permitiu desempenhar os encargos pelos quais respondemos perante os outros, podemos centralizar atenção e força, onde estivermos, para doar o máximo de nós mesmos, na máquina social de que somos peças.

Quando te ocorrer o pensamento de que deverias ocupar outro ângulo no campo da atividade terrestre, asserena o coração e continua fiel aos deveres que as circunstâncias te preceituem, reconhecendo que, em cada dia, estamos na posição em que a Bondade de Deus conta conosco para o bem geral. Desse modo, para que as tuas horas se enriqueçam de paz e eficiência, no setor de ação que te cabe na Obra do Senhor, se trazes a consciência tranqüila no desempenho das próprias obrigações, é forçoso te capacites de que és hoje o que és e te vês como te vês, no quadro em que te movimentas e na apresentação com que te singularizas, porque é justamente como és, com quem estás no lugar em que te situas e claramente como te encontras, que o Senhor necessita de ti.

8
No Crediário da Vida

Deixa que a compaixão te aclare os olhos e lubrifique os ouvidos, a fim de que possas ver e escutar em louvor do bem.

Quantas vezes geramos complicações e agravamos problemas, unicamente pelo fato de exigir dos outros aquilo de santo ou de heróico que ainda não conseguimos fazer!

À frente das incompreensões ou perturbações do cotidiano, procuremos reagir como estimaríamos que os demais reagissem, se as dificuldades fossem nossas.

A Terra está repleta dos que censuram e acusam.

Amparemo-nos mutuamente.

Às vezes, pronuncias palavras menos felizes, nas horas de irritação ou desânimo, que apreciarias reaver a fim de inutilizá-las, se isso fosse possível, e agradeces a bondade do ouvinte que se dispõe a atirá-las no cesto do esquecimento. Por que não agir, de modo análogo, quando registras o comentário de ordem negativa, partido de alguém, no clima do desespero?

Nos atos injustos, nas decisões impensadas ou nos erros que perpetramos, somos gratos à misericórdia daqueles que nos acolhem com brandura e entendimento, extinguindo no silêncio os resultados de nossas faltas involuntárias. Como não esposar norma idêntica, quando algum de nossos irmãos escorregava na sombra?

Proclamamos a necessidade do progresso da alma, afirmamos o impositivo de nosso próprio aperfeiçoamento... Iniciemos esse esforço meritório a favor de nós, reconhecendo que os outros carregam provações e fraquezas semelhantes às nossas, quando não sejam problemas e obstáculos muito mais aflitivos.

Admiremos nossos companheiros quando se aplicarem ao bem ou quando se harmonizarem com o bem: entretanto, sempre que resvalarem no mal, busquemos tratá-los na base do amor que declaramos cultivar com Jesus, de vez que todo investimento de tolerância que fizermos hoje, em benefício do próximo, no crediário da vida, ser-nos-á amanhã precioso depósito que poderemos sacar no socorro àqueles a quem mais amamos, ou mesmo em nosso auxílio.

9
Ante a Lei do Bem

Em verdade, quando as aflições se sucedem umas às outras, simultaneamente, em nossa vida, sentimo-nos à feição do viajor perdido na selva, intimado pelas circunstâncias a construir o próprio caminho.

Quando atingires um momento, assim obscuro, em que as crises aparecem gerando crises, não atribuas a outrem a culpa da situação embaraçosa em que te vejas e nem admitas que o desânimo se te apose das energias. Analisa o valor do tempo e não canalizes a força potencial dos minutos para os domínios da queixa ou da frustração. Ora, levanta-te dos obstáculos em pensamento e age em favor da própria libertação, na certeza de que, por trás da dificuldade, a lei do bem está operando.

Certifica-te, sobretudo, de que Deus, Nosso Pai, é o autor e o sustentador do Sumo Bem. Nenhum mal lhe poderia alterar o governo supremo, baseado em amor infinito e bondade eterna. À vista de semelhante convicção, o que te parece doença é processo e recuperação da saúde. Pequenos dissabores que categorizas por ofensas, serão convites a reexame dos empeços que te crivam a estrada ou apelos à oração por aqueles companheiros de Humanidade que levianamente se transformam em perseguidores das boas obras que ainda não conseguem compreender. Contratempos que interpretas como sendo ingratidão de pessoas queridas, quase sempre apenas significam modificações dos Desígnios Superiores, em benefício dos entes que amamos e que prosseguem credores de nosso entendimento e carinho. Discórdia é problema que te pede ação pacificadora. Desarmonias domésticas mais não são que exigência de mais serviço aos familiares para que te concilies em definitivo com adversários do pretérito, suprimindo possibilidades de retorno a causas de sofrimento e desequilíbrio que já te induziram a quedas e obsessões em existências passadas, e até mesmo a presença da morte não se define senão por mais renovação e mais vida.

Sempre que aflições te visitem na forma de enfermidade ou tristeza, humilhação ou penúria, perseguição ou tentação, prejuízo ou desastre, não te rendas às sugestões de rebeldia ou desalento. Trabalha e espera, entre o prazer de servir e a felicidade de confiar, recordando que, se procuras pelo socorro de Deus, o socorro de Deus também te procura. E se a tranqüilidade parece tardar, porque privações e provações se multiplicam, persevera com o trabalho e com a esperança, lembrando-te de que a lei do bem opera sempre e de que o amparo de Deus está oculto ou vem vindo.

10
Ambiente Pessoal

Surges e, onde pisas, aparece a atmosfera pessoal que te é própria. Falas, e de tua palavra flui o magnetismo que te nasce do coração.

Interessamo-nos em auxiliar os outros, conforme a beneficência; entretanto, é preciso saber como auxiliar, de vez que nos oferecemos, instintivamente, naquilo que damos.

A dádiva é, obrigatoriamente, envolvida pela influência do doador.

À vista disso, analisa as reações que provocas e os pensamentos que inspiras, onde, quando e com quem te manifestas.

Qualquer estudo, nesse sentido, pode ser efetuado sem nenhum embaraço, desde que te disponhas a observar em ti mesmo os resultados da presença dos outros.

Na hora da insegurança, não estimas a conversação dos que te não compreendem; no dia da enfermidade, não te acomodas com as opiniões deprimentes dos que se envenenam com pessimismo. A voz que te impele a construir a virtude é uma bênção de valor infinito, mas aquela que te censura o defeito em extinção é uma pancada mental de conseqüências imprevisíveis.

Não te omitas onde as circunstâncias te aguardem o comparecimento, mas examina antes como te apresentares para que alguma atitude menos feliz de tua parte não estrague o fruto proveitoso que a tua intervenção deva produzir.

Entender primeiro, agir depois.

A necessidade exige socorro, mas, se o socorro aparece destrambelhado, a necessidade faz-se maior.

Medita na atmosfera espiritual que carregas e cultiva a serenidade, para que a serenidade te componha o ambiente. Isso não é fazer caridade calculada, nem exercer o bem sob princípios de matemática, e sim praticar em toda parte o respeito à vida pelo culto do amor.

11

Tua Mente

Entre os cuidados devidos ao corpo e à alma, recordemos o problema da habitação.

Quanto mais instruída a pessoa, mais asseio na moradia.

Nem sempre a residência é rica do ponto de vista material. Vê-se, aí, contudo, limpeza e ordem, segurança e bom gosto.

É imperioso, porém, que o senso de higiene e harmonia não se fixe, unicamente, no domicílio externo. Necessário que semelhante preocupação nos alcance o pouso íntimo.

A mente é a casa do espírito.

Como acontece a qualquer vivenda, ela possui muitos compartimentos com serventia para atividades diversas. E, às vezes, sobrecarregamos as dependências de nosso lar interior com idéias positivamente inadequadas às nossas necessidades reais.

Quando preconceitos enquistados, teorias inúteis, inquietações e tensões, queixas e mágoas se nos instalam por dentro, dilapidamos os tesouros do tempo e as oportunidades de progresso, de vez que impedimos a passagem da corrente transformadora da vida, através de nossas próprias forças.

Sabemos que uma casa, por mais simples, deve ser arejada e batida de sol para garantir a saúde.

Ninguém conserva lixo, de propósito, no ambiente familiar.

Qualquer perturbação no sistema de esgoto ou na circulação da energia elétrica representa motivos para assistência imediata.

Desde épocas remotas, combatemos a escuridão. Da tocha à candeia e da candeia à lâmpada moderna, esmera-se o homem na criação de recursos com que se defender contra o predomínio das trevas.

Pondera quanto a isso e não guardes ressentimentos e nem cultives discórdias no campo da própria alma.

Trabalha, estuda, faze o bem e esquece o mal, a fim de que te arregimentes contra o nevoeiro da ignorância.

Tua mente — tua casa intransferível. Nela te nascem os sonhos e aspirações, emoções e idéias, planos e realizações. Dela partem as tuas manifestações nos caminhos da vida, e de nossas manifestações nos caminhos da vida dependem o nosso cativeiro à sombra ou a nossa libertação para a luz.

12
Para o Reino de Deus

Certamente, Jesus esteve, está e estará sempre conosco, no levantamento do Reino de Deus, e, por isso mesmo, urge reconhecer que, para isso, ele não nos reclama demonstrações de heroísmo ou espetáculos de grandeza.

Tudo em semelhante edificação é compreensível e simples, mas, por esta razão, o Mestre espera que as nossas tarefas compreensíveis e simples sejam cumpridas por nós, em regime de esforço máximo, a fim de que venhamos a colaborar na fundação da estrutura eterna.

Para que atinjamos, no mundo, o Reino de Deus, não nos pede o Senhor peregrinações de sacrifício a regiões particulares; espera, no entretanto, que demonstremos coragem suficiente para viver, dia por dia, no exato cumprimento de nossos deveres, na viagem difícil da reencarnação.

Não exige que nos diplomemos nos preceitos gramaticais do idioma em que desfrutamos agora o privilégio do entendimento mútuo; espera, porém, que saibamos dizer sempre a palavra equilibrada e reconfortante, em auxílio de nossos companheiros da Humanidade. Não nos obriga à renúncia dos bens terrenos; espera, todavia, que nos dediquemos a administrá-los sensatamente, empregando as sobras possíveis no socorro aos irmãos em penúria. Não nos impele a ginásticas especiais para o desenvolvimento prematuro de forças físicas ou psíquicas; espera, entretanto, que nos esforcemos por barrar os pensamentos infelizes, dominando as nossas tendências inferiores. Não nos solicita a perfeição moral de um dia para outro; espera, contudo, que nos disponhamos a cooperar com ele, suportando injúrias e esquecendo-as, em favor do bem comum. Não nos determina sistemas sacrificiais de alimentação ou processos de vida incompatíveis com as nossas necessidades justas e naturais; espera, porém, que tenhamos respeito ao corpo que a Lei da Reencarnação nos haja emprestado, guardando fidelidade invariável aos compromissos que assumimos, uns à frente dos outros. Não nos aconselha o afastamento da vida social, sob o pretexto de preservarmos qualidades para a glória celeste; espera, no entanto, que exerçamos bondade e paciência, perdão e amor, no trato recíproco, a fim de que, a pouco e pouco, nos certifiquemos de que todos somos irmãos perante o mesmo Pai.

Jesus não nos pede o impossível; solicita-nos apenas colaboração e trabalho na medida de nossas possibilidades humanas, cabendo-nos, porém, observar que, se todos aguardamos ansiosamente o Mundo Feliz de Amanhã, é preciso lembrar que, assim como um edifício se levanta da base, o Reino de Deus começa de nós.

13

De Sol a Sol

Dizes-te numa época de tensão, na qual os sucessos de ordem negativa surgem aos montes, compelindo-te aos mais graves testes de fortaleza moral.

Tão grande a massa de conflitos, na esfera da alma, que muitos dos nossos irmãos de jornada evolutiva se recolhem à retaguarda, buscando refazimento, quando não a cura dos nervos destrambelhados.

À vista disso, indagas, por vezes, como trabalhar eficientemente e, ao mesmo tempo, resistir com êxito ao assédio da inquietação. Realmente, isso envolve questão muito importante no mundo íntimo de cada um de nós, porquanto nem podemos parar nos domínios da ação e nem desconhecer a necessidade de equilíbrio para suportar construtivamente as provas que venham a sobrevir. A única solução, a nosso ver, será focalizar a mente no Espírito do Senhor, e Ele, o Divino Mestre, dar-nos-á rendimento em serviço e descanso ao coração. Se aparecerem dificuldades imprevistas, entrega-lhe os obstáculos que te aborrecem, e prossegue no dever que esposaste. Se tribulações te caírem na estrada, imagina-lhe as mãos vigorosas nas tuas e procura atravessá-las, de ânimo firme, aproveitando a lição bendita do sofrimento.

Se problemas te desafiam, transmite-lhe as tuas apreensões e atende com paciência aos encargos que a vida te reservou. Se amigos desertaram, mentaliza nele o companheiro infalível e continua fiel aos compromissos que te honorifiquem a existência.

Dividamos diariamente com Cristo de Deus a carga abençoada de trabalho que nos pese nos ombros. Ele é o gerente de toda empresa de elevação e o sócio provedor de todas as nossas necessidades. Deixa que o Senhor faça por ti a parte de trabalho que não consegues fazer, e segue à frente, oferecendo os melhores recursos de que disponhas, no desempenho das obrigações imediatas que te compete, e observarás que quaisquer aflições se dissipam, em torno de ti, como as sombras se desfazem à luz dos céus, a fim de que sirvas alegremente no bem de todos, com invariável serenidade, de sol a sol.

14
Provações dos Entes Queridos

Não temos pela frente tão-só as nossas dificuldades, mas igualmente as dificuldades das pessoas queridas, pelas quais, muitas vezes, sofremos muito mais que por nós próprios.

Forçoso, porém, anotar que, em nos interessando pelo apoio aos entes queridos, nunca estamos a sós, porquanto Deus, que no-los emprestou ao convívio, permanece velando sem olvidá-los.

Nos dias de cinza e sombra da provação, doemos aos entes amados o melhor de nossa ternura, mas evitemos insuflar-lhes pessimismo ou desconfiança, ansiedade ou inquietação.

Se nos pedem conselhos, não descambemos para sugestões pessoais, e sim, ajudemo-los a buscar a Inspiração Divina, através da prece, porque Deus lhes conhece as necessidades e lhes traçará seguro roteiro ao comportamento.

Se doentes, mais que justo lhes ministremos assistência e carinho; todavia, empenhemo-nos em guiar-lhes o pensamento para o otimismo, convencidos de que Deus lhes resguarda a existência em cada batimento do coração.

Se empreendem mudanças em seu próprio caminho, abstenhamo-nos de interferir nas decisões que assumam, e sim, em vez disso, diligenciemos abençoar-lhes os planos de renovação e melhoria, compreendendo que a Divina Providência vigia sobre nós, orientando-nos os passos.

Se resvalam em duras provas, trabalhemos por aliviá-los e libertá-los, que isso é dever nosso, mas sem torturá-los com a nossa inconformidade e aflição, na certeza de que Deus não está ausente do quinhão de lutas regenerativas ou edificantes que nos cabem a todos, em certas faixas de tempo.

Auxiliemos nossos entes queridos a serem autênticos, como são e como devem ser perante a vida.

Indiscutivelmente, tanto quanto irrompem problemas em nossa estrada, inúmeros outros problemas aparecem no campo de ação daqueles que mais amamos; no entanto, a fim de ampará-los com eficiência e segurança, atuemos em favor deles, em bases de equilíbrio e de amor, reconhecendo que não estamos sozinhos na empresa socorrista, de vez que, muito antes de nós, Deus estava e continua a estar no caso de cada um.

15
Seguirás a Luz

Reconhecerás os potenciais divinos do coração humano, não só para que não faltes ao culto da gratidão, mas também para que não falhes à expectativa do Mestre e Senhor que te permitiu lhe trouxesses o nome na fachada dos compromissos.

Muitos dirão que a Humanidade atingiu a bancarrota moral, que a civilização retrocedeu, que o mal invadiu a moradia terrestre, que nenhum bem resta mais a fazer...

Continuarás, porém, crendo no homem e na sua capacidade infinita de renovação e sublimação.

Muitos desancam. De toda parte, servirás, leal ao teu posto.

Esquecerás os profetas do desânimo e os mentores do pessimismo, que despendem o tesouro das horas comprando arrependimento com a palavra corrompida em torno dos problemas da Terra em transição, e cumprirás os deveres que assumiste, ainda que para isso te vejas sob o imperativo de jugular os teus ímpetos à reação diante do mal, com o que apenas favorecerias a desordem.

Armar-te-ás de entendimento e abnegação, tolerância e conformidade, a fim de que possas formar entre os lidadores que sustentam o combate multissecular e incessante da criatura humana contra a força das trevas.

Inspirar-te-ás naqueles a quem os povos de hoje devem a sua estabilidade e grandeza!... Lembrar-te-ás desses milhões de apóstolos desconhecidos!... Dos professores que se apagaram, para que os discípulos fulgurassem; dos pais que se esqueceram entre as paredes domésticas, para que os filhos conseguissem crescer, cooperando no levantamento de um mundo melhor; dos que retiveram o ouro sem egoísmo, empregando-o, criteriosamente, na formação do trabalho e do progresso, da beneficência e da instrução; dos que se ofereceram em holocausto à ciência, para que os hospitais defendessem a vida contra a morte; dos que desistiram do conforto pessoal, a fim de se consagrarem à palavra ou à pena, em horários de sacrifício, sem remuneração estabelecida na Terra, para que não escasseassem esclarecimento e consolo à mente popular; dos que desencarnaram fiéis às responsabilidades que esposaram pelo bem dos outros, conquanto pudessem haver repousado nos dias que os aproximavam da morte, pela imposição do cansaço físico; dos que voluntariamente tomaram sobre os próprios ombros os encargos dos companheiros que desertaram das boas obras; dos que não permitiram que a injúria e a incompreensão, a calúnia ou a acusação indébita lhes impedissem o trabalho no amparo aos semelhantes!...

Não somente recordarás esses justos que acenderam a luz de teu caminho, mas igualmente segui-los-ás, amando e servindo sempre!...

Corrigirás o mal com o bem, afastarás a agressão com a paciência, extinguirás o ódio com o amor, desfarás a condenação com a bênção.

Embora te sangrem os pés, palmilha com eles os heróis anônimos do Bem Eterno, a estrada íngreme da ascensão, na certeza de que à frente de todos esses pioneiros da imortalidade vitoriosa caminha Jesus, o Excelso Amigo, que um dia nos prometeu com clareza e segurança: "Aquele que me segue não anda em trevas."

16
Efeito do Perdão

Dentre os ângulos do perdão, um existe dos mais importantes, que nos cabe salientar: os resultados dele sobre nós mesmos, quando temos a felicidade de desculpar.

Muito freqüentemente interpretamos o perdão como sendo simples ato de virtude e generosidade, em auxílio do ofensor, que passaria a contar com a absoluta magnanimidade da vítima; acontece, porém, que a vítima nem sempre conhece até que ponto se beneficiará o agressor da liberalidade que lhe flui do comportamento, porquanto não nos é dado penetrar no íntimo mais profundo uns dos outros e, por outro lado, determina a bondade se relegue ao esquecimento os detritos de todo mal.

Urge perceber, no entanto, que, quando conseguimos desculpar o erro ou a provocação de alguém contra nós, exoneramos o mal de qualquer compromisso para conosco, ao mesmo tempo que nos desvencilhamos de todos os laços suscetíveis de apresar-nos a ele.

Pondera semelhante realidade e não te admitas carregando os explosivos do ódio ou os venenos da mágoa que destroem a existência ou corroem as forças orgânicas, arremessando a criatura para a vala da enfermidade ou da morte sem razão de ser.

Efetivamente, conhecerás muitas vezes a intromissão do mal em teu caminho, mormente se te consagras com diligência e decisão à seara do bem, mas não te permitas a leviandade de acolhê-lo e transportá-lo contigo, à maneira de lâmina enterrada por ti mesmo no próprio coração.

Ante ofensas quaisquer, defende-te, pacifica-te e restaura-te perdoando sempre. Nas trilhas da vida, somos nós próprios quem acolhe em primeiro lugar e mais intensivamente os resultados da intolerância, quando nos entrincheiramos na dureza de alma.

Sem dúvida, é impossível saber, quando venhamos a articular o perdão em favor dos outros, se ele foi corretamente aceito ou se produziu as vantagens que desejávamos; entretanto, sempre que olvidemos o mal que se nos faça, podemos reconhecer, de pronto, os benéficos efeitos do perdão conosco, em forma de equilíbrio e de paz agindo em nós.

17
Heroísmo Oculto

Terás ouvido narrativas em torno de feitos sublimes, nos quais criaturas intrépidas ofereceram a própria existência para salvar os outros, quais os que tombaram na defesa da coletividade, em honra da justiça, e os que foram surpreendidos pela desencarnação inesperada, em louvor da ciência, ao perquirirem processos de socorro aos sofrimentos da Humanidade.

Reverenciemos, sim, o nome dos que se esqueceram, a benefício dos semelhantes; contudo, não nos será lícito esquecer que existe um heroísmo obscuro, tão autêntico e tão belo quanto aquele que assinala os protagonistas das grandes façanhas, perante a morte — o heroísmo oculto dos que sabem viver, dia por dia, no círculo estreito das próprias obrigações, a despeito dos empecilhos e das provações que os supliciam na estrada comum.

Pondera isso, quando os embaraços da vida te amarguem o coração!... Certifica-te de que se existem multidões na Terra que aplaudem as demonstrações de coragem dos que sabem morrer pelas causas nobres, existem multidões no Mundo Espiritual que aplaudem os testemunhos da compreensão e sacrifício dos que sabem viver, no auxílio ao próximo, apagando-se, a pouco e pouco, em penhor do levantamento de alguém ou da melhoria de alguns na arena terrestre.

Reflete no assunto e observa a parte mais difícil da existência que o Senhor te confiou... Será ela talvez o cativeiro a obrigações domésticas inadiáveis, o conflito íntimo, a condução laboriosa de um filho doente, a tutela de um companheiro menos feliz, a tolerância permanente para com o esposo ou a esposa em desequilíbrio ou, ainda, a responsabilidade pessoal e direta na garantia das obras de benemerência e cultura, a elevação e concórdia na direção da comunidade?

A matrícula na escola do heroísmo silencioso está aberta constantemente, a nós todos.

Revisemos a anotação do Divino Mestre: "Quem quiser caminhar nos meus passos, renuncie a si mesmo, tome a sua cruz e siga-me."

Qual será e como será a cruz que te pesa nos ombros? Seja ela qual for, lembra-te de que o Cristo de Deus nos aguarda no monte da vitória e da redenção, esperando tenhamos suficiente coragem para abraçar o heroísmo oculto na fidelidade aos nossos próprios deveres até o fim.

18
Entre Deus e o Próximo

Para todos nós, que ensinamos para aprender e aprendemos para ensinar lições de conduta evangélica, nos grupos de oração, impõe-se um problema que precisamos facear corajosamente — o problema de viver na prática as teorias salvacionistas ou regeneradoras que abraçamos.

No círculo da prece, recolhemos a orientação, e fora dela somos intimados à tradução. Pensamentos elevados e feitos que lhes correspondam. Boas palavras e boas obras. Permanecer em casa nas mesmas diretrizes com que nos conduzimos no templo da fé.

Muitas vezes supomos seja isso muito difícil e acreditamos poder assumir duas atitudes distintas: aquela com que comparecemos corretamente perante Deus, através da oração, e aquela outra em que quase sempre pautamos os próprios atos pela invigilância, no trato com os irmãos da Humanidade. Urge, porém, reconhecer que Deus está em toda parte, e em toda parte é forçoso comportar-nos como quem se sabe na presença Divina.

Tanto se encontra o Criador com a criatura na oração quanto na ação.

Na prece, somos induzidos ao entendimento e à brandura, porque demandamos confiantemente a Misericórdia dos Céus, aguardando tolerância e amor para as nossas necessidades, mas é imprescindível lembrar que a Misericórdia dos Céus nos ouve e socorre com bondade infinita, para que venhamos a usar esses mesmos processos de apoio e bênção, ante as necessidades dos outros.

De que nos valeria apresentar uma fisionomia doce a Deus e um coração amargo aos companheiros do cotidiano, se todos eles são também filhos de Deus quanto nós?

Se ainda não conseguimos transferir o ambiente da oração para a nossa esfera de trabalho, esforcemo-nos em conquistar a sublime e indispensável realização.

A rogativa, perante o Senhor, é comparável ao cheque baseado no capital de serviço aos semelhantes.

Aprendemos, assim, a viver diante de Deus, atendendo aos nossos deveres para com o próximo, e a viver, diante do próximo, recordando as nossas obrigações perante Deus.

19

Energia e Brandura

Na marcha do dia-a-dia, urge harmonizar as manifestações de nossas qualidades com o espírito de proporção e proveito, a fim de que o extremismo não nos imponha acidentes, no trânsito de nossas tarefas e relações.

Energia na fé; não demais que tombe em fanatismo.

Brandura na bondade; não demais que entremostre relaxamento.

Energia na convicção; não demais que se transforme em teimosia.

Brandura na humildade; não demais que degenere em servilismo.

Energia na justiça; não demais que seja crueldade.

Brandura na gentileza; não demais que denuncie bajulação.

Energia na sinceridade; não demais que descambe no desrespeito.

Brandura na paz; não demais que se acomode em preguiça.

Energia na coragem; não demais que se faça temeridade.

Brandura na prudência; não demais que se recolha em comodismo.

No caminho da vida, há que aprender com a própria vida.

Vejamos o carro moderno nas viagens de hoje; nem passo a passo, porque isso seria ignorar o progresso, diante do motor; nem velocidade além dos limites justos, o que seria abusar do motor para descer ao desastre e à morte prematura.

Em tudo, equilíbrio, porque, se tivermos equilíbrio, asseguraremos, em toda parte e em qualquer tempo, a presença da caridade e da paciência, em nós mesmos, as duas guardiãs capazes de garantir-nos trajeto seguro e chegada feliz.

20
Acima de Nós

Quantas vezes, procuramos a paz, experimentando a tortura do sedento que anseia pela glória!...

Em momentos assim, o passo mais expressivo será sempre a nossa incondicional rendição a Deus, cuja sabedoria nos guiará no rumo da tranqüilidade operosa e tonificante.

Imperioso pensar nisso, porque freqüentemente surgem no cotidiano crises inesperadas que se nos envolvem na vida mental, à feição de problemas classificados por insolúveis no quadro das providências humanas.

Em muitas ocasiões, efetuaste quanto se te fazia possível pela sustentação de um ente amado, no terreno firme dos ideais superiores e, ainda assim, assististe-lhe a queda espetacular nos precipícios de sombra... Entregaste os melhores valores da existência para a felicidade de alguém que os recolheu, enquanto isso lhe conferia vantagens imediatas, e, de um instante para outro, sofreste inqualificável abandono, colhendo injúria e sarcasmo, em troca de renunciação e de amor... Responsabilizaste a ti mesmo pelo amigo que te deixou a sós, no labirinto de negócios e compromissos inquietantes, sem qualquer consideração para com os teus testemunhos de confiança... Deste o que és e quanto tens na proteção do grupo doméstico, por tempo vasto de trabalho e de sacrifício, e te viste, de repente, sob o desprezo daqueles mesmos familiares que te deviam carinho e respeito, sem a menor possibilidade de reivindicação...

Em tais circunstâncias, a prova se reveste de tamanha complexidade que, quase sempre, não dispões de outro recurso senão conservá-la por braseiro de angústia, trancado no coração, porquanto, às vezes, no grave assunto, os melhores amigos não te poderiam compreender, de vez que, provavelmente, se inclinariam a intervenções inoportunas, complicando-te os problemas.

Diante de quaisquer dificuldades, e, sobretudo, nas horas de amargura suprema, confia à Divina Providência as dores que te vergastam a alma!...

Todos nós, os Espíritos em evolução no Planeta, somos ainda humanos e, nessa condição, nem sempre conseguimos em nós mesmos a energia suficiente para a superação de nossas deficiências...

À vista disso, nos momentos terríveis e agoniados da adversidade terrestre, não abras falência diante do desespero!... Recorre aos créditos do Pai do Infinito Amor.

Nenhum de nós está órfão de amparo e socorro, luz e bênção, porque ainda mesmo fracassem todas as nossas forças, na direção do bem para o desempenho de nossas obrigações, muito acima de nós e muito acima de nossos recursos limitados e frágeis, temos Deus.

21
Perturbação e Obsessão

Na experiência terrestre, surge sempre um instante em que indagamos de nós mesmos em que ponto nos achamos, quanto ao desajuste espiritual; e, se não estamos afundados em plena desarmonia, muitas vezes identificamo-nos em perturbação evidente. Isso porque, observado o princípio de que não existe ninguém absolutamente impassível, temos a vida sentimental permanentemente ameaçada por desafios exteriores, em forma de episódios ou informes desagradáveis que se nos erigem por medida de equilíbrio e resistência, na luta moral que somos chamados a travar, na área de nossas atividades, em favor do próprio burilamento.

Se, à frente desse ou daquele sucesso menos feliz, costumamos esquecer, sistematicamente, paciência e conformação, entendimento e serenidade, então é preciso estabelecer o intervalo para reflexão, nos mecanismos da mente, a fim de que venhamos a fazer em nós mesmos as retificações necessárias. Em tais lances do cotidiano, quase sempre somos impelidos a pensar em obsessão, supondo-nos vítimas de entidades vampirizantes. O problema, porém, não se limita à influenciação dos adversários que se nos encrava na onda psíquica, mas, principalmente, diz respeito a nós mesmos. Em muitas situações e circunstâncias das existências passadas, caímos em fundos precipícios de ódio e vingança, desespero e criminalidade, operando em largas faixas de tempo contra nós próprios, comprometendo-nos o destino; daí nasce o imperativo das experiências regenerativas e amargas que se nos fazem indispensáveis, qual ocorre ao aluno que se atrasou na escola, necessitado de novo exame, nas provas de repetência.

À vista de semelhantes considerações, toda vez que o sentimento se nos desgoverne, procuremos assumir com segurança o leme do barco de nossos pensamentos, na maré de provações da existência, na paz da meditação e no silêncio da prece.

Através do autocontrole, vigiaremos a porta de nossas manifestações, barrando gestos e palavras desaconselháveis, e, com o auxílio da oração, faremos luz para entender o que há conosco, de maneira a impedir a própria queda em alienação e tumulto.

Atendamos constantemente a esse trabalho de auto-imunização mental, porque, junto ao imenso número de companheiros perturbados e obsequiados que enxameiam a Terra de hoje, em toda parte, encontramos milhares de criaturas irmãs que estão quase às portas da obsessão.

22
Serás Paciente

Serás paciente. Compreenderás que nem sempre se obtém a prestação de auxílio, através de providências materiais, sem deixar, porém, de reconhecer que a paciência, filha da caridade, tem passaporte livre para trabalhar, com o êxito preciso, na superação de quaisquer obstáculos para a consecução das boas obras.

Efetivamente, o ódio e a perseguição, a maldade e a injúria arrasam muitas construções de serviço, diariamente na Terra, mas é imperioso lembrar que se mais não destroem é que a paciência dos obreiros fiéis ao bem lhes opõe a barreira da prece e da tolerância, aparando-lhes os golpes.

Paciência!...

Muita vez acreditamos que ela beneficia exclusivamente a nós, quando temos a felicidade de seguir-lhe os alvitres salvadores; no entanto, ela é uma força da alma que se irradia, sempre que lhe aplicamos a bênção, criando segurança e harmonia em auxílio dos outros, onde se manifeste.

Para conhecer-lhe a oportunidade e a grandeza, seria preciso visitar os abismos do sofrimento, nos quais se reúnem, para dolorosas reparações, todos os que não lhe souberam ou não quiseram albergar a presença no coração. Tão-somente aí, nessas oficinas de reajuste, na Terra e fora da Terra, conseguiríamos contar o número dos que se arrojaram à delinqüência e ao suicídio, à loucura e à morte, por falta de alguns minutos no convívio dela, a benfeitora infalível, em cujo clima de entendimento Deus nos garante o dom de compreender e de esperar.

Lembrar-te-ás disso e socorrerás com a tua serenidade qualquer da existência, onde lavre o fogo da discórdia ou da rebeldia. Distribuirás as parcelas de tua paciência, onde estejas, assegurando paz e otimismo, luz e bom ânimo à sustentação do amor que o Divino Mestre instituiu por alicerce ao Reino de Deus.

Darás de tua paciência aos sofredores e desorientados do mundo, tanto quanto dás de teu cântaro ao sedento e repartes com o faminto os recursos de teu pão.

Exercitarás, indefinidamente, a paciência de ouvir, de renovar, de desculpar, de aprender, de auxiliar, de repetir... E guarda a convicção de que, assim agindo, ajudarás não apenas a ti mesmo e aos que te cercam, mas ao próprio Senhor, que, se não necessita de nossas honrarias, espera de cada um de nós o apoio da paciência, a fim de que nos possa usar, em qualquer problema, como peça importante de solução.

23
Ideal e Ação

Evidentemente, é preciso considerar o valor da reencarnação para que lhe assimilemos os benefícios.

Cientes de que o corpo é comparável à cela de recuperação, ao avental de serviço ou à carteira de estudo, é forçoso observarmos a importância do tempo, adotando diligência na obrigação a cumprir por norma de ação, nas atividades de cada dia.

Que seria do enfermo, se uma pessoa querida, a pretexto de poupar-lhe dissabores, tomasse por ele os remédios desagradáveis que lhe são imprescindíveis? Do aluno que relegasse aos amigos mais cultos da escola a execução das provas que lhe cabem, sob a desculpa de haver encontrado afeição e favor? Eis porque, na esfera de todas as experiências — mormente no campo das experiências humanas —, somos induzidos a esperar do Senhor, com as dádivas da saúde e do trabalho, da orientação e da alegria, a força indispensável para a desincumbência dos encargos que as circunstâncias nos assinalam.

Sublime é a caridade, mas, se não temos disposição para praticá-la, a virtude preciosa não passará de um ideal do Céu, incapaz de pousar na Terra.

Divina é a humildade; entretanto, se nos falha a decisão de sofrer com paciência, limitar-se-á ela a propósito brilhante e inútil, de vez que não se nos irradia do peito.

Assim também a fé, a bondade, a tolerância... Sem firmeza de ânimo que as expresse, serão apenas sonhos que se esfumam, sem nenhum nexo com a realidade.

A isso nos referimos para dizer que tanto nos problemas terrestres, quanto nos outros do Mundo Espiritual, necessitamos rogar a Deus os instrumentos indispensáveis à conquista de compreensão e segurança, progresso e harmonia que o Seu Infinito Amor nos endereça pelas bênçãos da vida; entretanto, é imperioso pedir algo mais... Urge suplicar a Ele, o Todo-Misericordioso, nos conceda a coragem de viver, sabendo viver.

24

Perdão na Intimidade

Quando nos referimos a perdão, habitualmente mentalizamos o quadro clássico em que nos vemos à frente de supostos adversários, distribuindo magnanimidade e benemerência, qual se pudéssemos viver sem a tolerância alheia.

O assunto, porém, se espraia em ângulos diversos, notadamente naqueles que se reportam ao cotidiano.

Se não soubermos desculpar as faltas dos seres que amamos, e se não pudermos ser desculpados pelos erros que cometemos diante deles, a existência em comum seria francamente impraticável, porquanto irritações e azedumes devidamente somados atingiriam quota suficiente para infligir a desencarnação prematura a qualquer pessoa.

Precisamos muito mais de perdão dentro de casa, que na arena social, e muito mais de apoio recíproco no ambiente em que somos chamados a servir, que nas avenidas rumorosas do mundo.

Em auxílio a nós mesmos, todos necessitamos cultivar compreensão e apoio construtivo, no amparo sistemático a familiares e vizinhos, chefes e subalternos, clientes e associados, respeito constante à vida particular dos amigos íntimos, tolerância para os entes amados, com paciência e olvido diante de quaisquer ofensas que assaltem os corações. Nada de aguardarmos sucessos calamitosos, dores públicas e humilhações na praça, a fim de aparecermos na posição de atores da benevolência dramatizada, apesar de nossa obrigação de fazer o bem e esquecer o mal, seja onde for.

Aprendamos a desculpar — mas a desculpar sinceramente, de coração e memória — todas as alfinetadas e contratempos, aborrecimentos e desgostos, no círculo estreito de nossas relações pessoais, exercitando-nos em bondade real para ser realmente bons. Tão-somente assim, lograremos praticar o perdão que Jesus nos ensinou. E se o Mestre nos recomendou perdoar setenta vezes sete aos nossos inimigos, quantas vezes deveremos perdoar aos amigos que nos entretecem a alegria de viver? Decerto que o Senhor se fez omisso na questão, porque tanto nossos companheiros necessitam de nós, quanto nós necessitamos deles, e, por isso mesmo, de corações entrelaçados no caminho da vida; é imprescindível reconhecer que, entre os verdadeiros amigos, qualquer ocorrência será motivo para aprendermos, com segurança, a abençoar e entender, amar e auxiliar.

25
Sementes Divinas

Quando se te falarem acerca do muito para liquidar as necessidades humanas, não menoscabes o pouco que sejas capaz de fazer, em auxílio ao próximo, repartindo o coração em pedaços de entendimento e de amor.

O prato do socorro fraterno não resolve o problema da fome; no entanto, pode ser hoje a bênção que reerguerá as energias de alguém, à beira da inanição, a fim de que o trabalho amanhã lhe retire os passos do nevoeiro de desencanto e aflição.

A peça de roupa ao companheiro em andrajos não resolve o problema da nudez, mas pode ser hoje o apoio substancial em benefício de alguém que o frio vergasta e que amanhã se converterá em fonte viva de amparo aos desabrigados da Terra.

O livro nobilitante colocado nas mãos do amigo em dificuldade não resolve o problema da ignorância; todavia, pode ser hoje a luz providencial para alguém que as sombras envolvem e que amanhã se fará núcleo irradiante de idéias renovadoras para milhares de criaturas sedentas de orientação e de paz.

Os minutos rápidos de conversação esclarecedora que dispensares ao companheiro enredado nas teias da influência nociva não resolvem o problema da obsessão; no entanto, podem ser hoje a escora salvadora para alguém que a perturbação ameaça e que amanhã se transformará em coluna viva de educação espiritual, redimindo os sofredores do mundo.

Não menosprezes a migalha de cooperação com que possas incentivar a sustentação das boas obras.

Recorda o óbulo da viúva, destacado por Jesus como sendo a dádiva mais rica aos serviços da fé, pelo sacrifício que a oferenda representava. Não apenas isso. Rememoremos o dia em que o Senhor, abençoando cinco pães e dois peixes, alimentou extensa multidão de famintos.

Em verdade, quaisquer migalhas conosco ou simplesmente por nós serão sempre migalhas, mas se levadas ao serviço do bem, com Jesus, serão sementes divinas de paz e alegria, instrução e progresso, beneficência e prosperidade no mundo inteiro.

26
Ataques nas Boas Obras

Um problema existe no campo das boas obras, que surge de vez em vez, a pedir-nos paciência e reflexão — o problema do ataque.

Reconheçamos que os irmãos mais particularmente chamados a servir são aqueles que se mostram mais intensivamente policiados por incessante e geral observação.

Freqüentemente, por esse motivo, para eles se encaminha o rigor de nossa vigilância, porquanto aspiramos vê-los sem qualquer momento infeliz.

Fácil anotar que, de hábito, cada um de nós, entre os que nos dirigem ou nos obedecem, anela encontrar criaturas tão perfeitas quanto possível. Se nos achamos em subalternidade, queremos possuir chefes que se nos façam espelhos cristalinos de bons exemplos, e, se comandamos, eis-nos a disputar cooperadores, às vezes até mesmo mais eficientes que nós próprios. Acontece, porém, que reponta o dia em que aparecem neles as imperfeições e fraquezas inerentes a nós todos — os espíritos em evolução na Humanidade Terrestre — e choca-se-nos o ideal com a realidade. Quando, desprevenidos, atiramo-nos à censura sem perceber, ameaçamos, em muitas circunstâncias, a estabilidade das tarefas que mais amamos, ao modo de tresloucado escultor que se precipitasse a exigir a obra-prima de um dia para outro, golpeando o mármore impensadamente.

Por ocasião de quaisquer ataques, no âmbito das realizações nobres em que nos encontremos afeiçoados, verificaremos, sem qualquer dificuldade, que eles são endereçados geralmente aos companheiros que estão trabalhando e produzindo o bem de todos, mesmo porque, em verdade, nas construções respeitáveis, não há tempo a perder com os irmãos ainda voluntariamente estirados na inércia.

À vista disso, nos momentos de crítica, levantemos uma pausa dedicada à oração, porque o Senhor nos alumiará, norteando-nos a atitude; se houver erro a corrigir, alcançaremos o tato da caridade para saná-lo no reajuste; se nos achamos atacados, desculparemos, de imediato, quaisquer ofensas, multiplicando as próprias forças na precisa abnegação; e se estamos atacando alguém, aprenderemos, para logo, a identificar o "lado bom" da pessoa, situação, acontecimento ou circunstância que nos preocupem na causa edificante a que tenhamos empenhado o coração.

Na hora do ataque, seja qual for, recorramos ao apoio da bondade e ao recurso da prece, de vez que a oração e a misericórdia nos trarão um raio de luz da Mente Divina, ensinando-nos a ver e compreender, amparar e harmonizar, auxiliar e servir.

27
Companheiros Difíceis

Companheiros difíceis não são as criaturas que ainda não nos atingiram a intimidade e sim aquelas outras que se fizeram amar por nós e que, de um momento para outro, modificaram pensamento e conduta, impondo-nos estranheza e inquietação.

Erigiam-se-nos por esteios à fé, soçobrando em pesada corrente de tentações... Brilhavam por balizas de luz, à frente da marcha, e apagaram-se na noite das conveniências humanas, impelindo-nos à sombra e à desorientação...

Examinado, porém, o assunto com discernimento e serenidade, seria justo albergarmos pessimismo ou desencanto, simplesmente porque esse ou aquele companheiro haja evidenciado fraquezas humanas, peculiares também a nós? Atentos às realidades do campo evolutivo, em que nos achamos carregando fardos de culpas e débitos, deficiências e necessidades que se nos encravaram nos ombros, em existências passadas, como exigir dos entes amados, que respiram conosco o mesmo nível, a posição dos heróis ou o comportamento dos anjos?

Com isso, não queremos dizer que omissão ou deserção nas criaturas a quem empenhamos confiança e ternura sejam condições naturais para a ação espiritual que nos compete desenvolver, e sim, que, em lhes lastimando as resoluções menos felizes, é imperioso orar por elas na pauta da tolerância fraternal com que devemos abraçar todos aqueles que se nos associam às tarefas da jornada terrestre.

Se Jesus nos recomendou amar os inimigos, que diretriz adotar ante os companheiros que se fizeram difíceis, senão abençoá-los em mais alto grau de entendimento, carecedores como se encontram de mais ampla dedicação? Sem dúvida, eles não podem, em muitas ocasiões, compartilhar conosco, de imediato, as atividades cotidianas, à vista dos compromissos diferentes a que se entregam; entretanto, ser-nos-á possível, no clima do espírito, agradecer-lhes o bem que nos fizeram e o bem que nos possam fazer, endereçando-lhes a mensagem silenciosa de nosso respeito e afeto, encorajamento e gratidão.

Cumprindo semelhante dever, disporemos de suficiente paz interior para seguir adiante, na desincumbência dos encargos que a vida nos confiou. Compreenderemos que se o próprio Senhor nos aceita como somos, suportando-nos as imperfeições e aproveitando-nos em serviço, segundo a nossa capacidade de sermos úteis, é nossa obrigação aceitar os companheiros difíceis como são, esperando por eles, em matéria de elevação ou reajuste, tanto quanto o Senhor tem esperado por nós.

28

Julgamentos

Observando os atos dos outros, é importante lembrar que os outros igualmente estão anotando os nossos. Sabemos, no entanto, de experiência própria, que, em muitos acontecimentos da vida, há enorme distância entre as nossas intenções e nossas manifestações.

Quantas vezes somos interpretados como ingratos e insensíveis, por havermos assumido atitude enérgica ante determinado setor de nossas relações, após atravessarmos, por longo tempo, complicações e dificuldades, nas quais até mesmo os interesses alheios foram prejudicados em nossas mãos? E quantas outras vezes fomos considerados relapsos ou pusilânimes, à vista de termos praticado otimismo e benevolência, perante aqueles com os quais chegamos ao extremo limite da tolerância?

Em quantas ocasiões estamos sendo avaliados por disciplinadores cruéis, quando simplesmente desejamos a defesa e a vitória dos entes que mais amamos, e em quantas outras passamos por tutores irresponsáveis e levianos, quando entregamos as criaturas queridas às provas difíceis que elas mesmas disputam, invocando a liberdade que as Leis do Universo conferem a cada pessoa consciente de si?

Reflete nisso e não julgues o próximo, através de aparências. Deixa que o amor te inspire qualquer apreciação, e, quando necessites pronunciar algum apontamento, num processo de emenda, coloca-te no lugar do companheiro sob censura e encontrarás as palavras certas para cooperar na obra de ilimitada misericórdia em que Deus efetiva todas as construções e todos os reajustes.

Corrige amando o que deve ser corrigido e restaura servindo o que deve ser restaurado; entretanto, jamais condenes, porque o Senhor descobrirá meios de invalidar as posições do mal para que o bem prevaleça, e, toda vez que as circunstâncias te obriguem a examinar os atos dos outros, recorda que os nossos atos, no conceito dos outros, estão sendo examinados também.

29
Distúrbios Emocionais

    Enquanto nos demoramos encarnados no plano terrestre, um tipo de impaciência existe, sutil, capaz de arrastar-nos aos piores distúrbios emotivos: a revolta contra nós mesmos.

    Acolhemos receios infundados, em torno de opiniões que formulem de nós, seja por deformidades físicas, frustrações orgânicas, conflitos psicológicos ou empeços sociais de que sejamos portadores, e adotamos o medo por norma de ação, no exagerado apreço a nós mesmos, e dessa inquietação sistemática comumente se deriva um desgosto contínuo contra as forças vivas que nos entretecem o veículo de manifestação. E tanto espancamos mentalmente esses recursos que acabamos neuróticos, fatigados, enfermos ou obsessos, escorregando mecanicamente para a calha da desencarnação prematura. Tudo por falta de paciência com as nossas provações ou com os nossos defeitos. Decerto, ninguém nasce no corpo físico para louvar as deficiências que carrega ou ampliá-las, mas é preciso aceitar-nos como somos e fazer o melhor de nós. Desinibição construtiva. Compreensão do aprendizado que se tem pela frente. Acolher o instrumento físico de que o Alto Comando da Vida nos considera necessitados, tanto para resgatar culpas do pretérito na esfera individual, quanto para a consecução de empresas endereçadas ao benefício coletivo, e realizar todo o bem que pudermos.

O corpo carnal de que dispões ou a paisagem doméstico-social em que te situas, representam em si o utensílio certo e o lugar justo, indispensáveis à provação regeneradora ou à missão específica a que te deves afeiçoar. Por isso mesmo, o ponto nevrálgico da existência é o teste difícil que te exercita a resistência moral, temperando-te o caráter, no rumo do serviço maior do futuro.

Nossas perturbações emocionais quase sempre decorrem da nossa relutância em aceitar alguns dos aspectos menos agradáveis, conquanto passageiros da nossa vida. Saibamos, pois, rentear com eles, honestamente, corajosamente. Nada de subterfúgios. Temos um corpo defeituoso ou estamos em posição vulnerável à crítica? Seja assim. Contrariamente a isso, porém, reflitamos que ninguém está órfão da Bondade de Deus e, confiando-nos a Deus, procuremos concretizar tudo de bom ou de belo, no círculo de trabalho que se nos atribui.

Por outro lado, vale observar que reconhecer a existência do erro ou do desajuste em nós é sinal de melhoria e progresso. Os espíritos embutidos na inércia não enxergam as próprias necessidades morais. Acomodam-se à suposta satisfação dos sentidos em que se lhes anestesia a consciência, até que a dor os desperte, a fim de que retomem o esforço que lhes compete na jornada de evolução e aprimoramento.

Agradeçamos, desse modo, a luz espiritual de que já dispomos para analisar a nossa personalidade e, abraçando as tarefas de equilíbrio ou reequilíbrio que nos compete efetuar no próprio espírito, enfrentemos os nossos obstáculos com paciência e serenidade, na certeza de que podemos solucionar todos os problemas na oficina do serviço com a bênção de Deus.

30
Fortuna

Dinheiro posto à margem da bolsa, por desnecessário, garante facilmente a tarefa do socorro e a construção da alegria. Impossível prever a extensão da felicidade suscetível de nascer da moeda que o amparo fraternal transubstancia em bênção de luz.

No entanto, embora reconheçamos que o dinheiro se erige por agente de apoio e consolação, não te disponhas a conquistá-lo impiedosamente. Em muitas ocasiões, anseias entregar-te à prática do bem e pedes para isso que o Senhor te cumule com reservas de ouro e prata; contudo, qual acontece com qualquer conjunto de conhecimentos coordenados para os objetivos superiores da vida, altruísmo e beneficência reclamam começo e preparação. A tinta, que nas mãos do artista configura o painel, criador de emoções renovadoras na alma, entre os dedos daquele que ignora a intimidade com o belo, pode fazer a mancha que desfigura a parede. Quantos se apoderam do dinheiro, sem se matricularem na disciplina da renúncia e da bondade, nada conseguem para si mesmos senão o martírio dos avarentos que ressecam no próprio ser as fontes da vida. Eles retêm substancioso lastro econômico, mas fazem-se escravos da sovinice, na qual, vezes e vezes, enquanto desfrutam a reencarnação, transformam seus próprios descendentes em órfãos de pais vivos para transfigurá-los depois da morte, pelos mecanismos da herança, em modelos de prodigalidade e loucura.

Faze por merecer o dinheiro que te sobre corretamente, a fim de que desenvolvas generosidade e progresso, na esfera de teus dias, mas edifica no terreno do espírito a compreensão e a solidariedade para que saibas conduzi-lo com segurança e discernimento.

Fortuna, tanto quanto ocorre ao poder e à autoridade para beneficiar efetivamente, roga equilíbrio e orientação. Além do mais, se aspiras a contar com possibilidades de ser útil, no ideal de abençoar e elevar, auxiliar e servir, urge não esquecer que todos nós, indistintamente, fomos dotados por Deus, em todos os climas sociais e em todos os recantos da Terra, com as riquezas infinitas do amor, no tesouro vivo do coração.

31

Inimigos Outros

Mencionamos com muita freqüência que os inimigos exteriores são os piores expoentes de perturbação que operam em nosso prejuízo. Urge, porém, olhar para dentro de nós, de modo a descobrir que os adversários mais difíceis são aqueles de que não nos podemos afastar facilmente, por se nos alojarem no cerne da própria alma. Dentre eles, os mais implacáveis são o egoísmo, que nos tolhe a visão espiritual, impedindo que vejamos as necessidades daqueles que mais amamos; o orgulho, que não nos permite acolher a luz do entendimento, arrojando-nos a permanente desequilíbrio; a vaidade, que nos sugere a superestimação do próprio valor, induzindo-nos a desprezar o merecimento dos outros; o desânimo, que nos impele aos precipícios da inércia; a intemperança mental, que nos situa na indisciplina; o medo de sofrer, que nos subtrai as melhores oportunidades de progresso, e tantos outros agentes nocivos que se nos instalam no espírito, corroendo-nos as energias e depredando-nos a estabilidade mental.

Para a transformação dos adversários exteriores contamos, geralmente, com o amparo de amigos que nos ajudam a revisar relações, colaborando conosco na constituição de novos caminhos;

entretanto, para extirpar os que moram em nós, vale tão-somente o auxílio de Deus com o laborioso esforço de nós mesmos.

Reportando-nos aos inimigos externos, advertiu-nos Jesus que é preciso perdoar as ofensas setenta vezes sete vezes, e decerto que para nos descartarmos dos inimigos internos — todos eles nascidos nas trevas da ignorância — prometeu-nos o Senhor: "conhecereis a verdade e a verdade vos fará livres", o que equivale dizer que só estaremos a salvo de nossas calamidades interiores, através de árduo trabalho na oficina da educação.

32
Falar e Ouvir

Não esqueçamos em tempo algum o poder criativo da palavra.

O que falas é dito com toda a força daquilo que és. Por isso, o problema não se limita unicamente a falar, mas a falar para o bem, evitando tudo o que se faça inconveniente ao equilíbrio ou à segurança do próximo.

Preciso é o ministério daqueles que suprimem a penúria material, e sublime será sempre o apostolado daqueles que ensinam, dissolvendo o nevoeiro da ignorância; entretanto, não menos valioso é o trabalho daqueles outros que facilitam a estrada dos semelhantes.

Qualquer de nós sabe remover um perigo na via pública ou extirpar a planta venenosa no chão doméstico, atentos à nossa responsabilidade na vida comunitária.

Como não auxiliar o companheiro de experiência, calando o apontamento capaz de amargar-lhe a existência, tão sequiosa de paz quanto a nossa? Para isso não é necessário cultivar indisposições com aqueles amigos outros que ainda falam desconhecendo, muita vez, as realidades do espírito. Basta instalar o filtro da compreensão na acústica da alma. Tudo o que nos traumatize os sentimentos é justo arredar do nosso intercâmbio com os demais, porquanto a regra áurea deve ser chamada a legislar no assunto, a fim de que não venhamos a falar a outrem aquilo que não desejamos que outrem nos fale.

Observemos, sobretudo, na condição de criaturas terrestres, o equipamento de que a Sabedoria Divina nos revestiu para controle dos recursos verbais: dois olhos, dois ouvidos; todavia, tão-somente uma boca e, assim mesmo, antes que a palavra se prefigure nos lábios, temos os impulsos do coração a se projetarem para o cérebro e, no cérebro, esses mesmos impulsos se transformam em pensamentos, suscetíveis de sofrer rigorosa seleção, qual acontece aos alimentos em casa.

Examinemos todas as idéias que nos surjam à cabeça, e, assim como sabemos evitar as batatas deterioradas, toda vez que as idéias não edifiquem, desliguemos as tomadas da atenção, a fim de que nos decidamos a empregar esquecimento e distância com elas.

33
Familiares Queridos

Em nos reportando a familiares queridos, observa que, da quota de tempo que já despendeste em ansiedade, na existência, talvez que a maior parcela terá sido gasta com preocupações em torno deles.

Pais, filhos, cônjuges, irmãos, tutelados e companheiros!... Muitos dentre eles andarão em problemas... Ameaçados. Menos felizes. Terão sofrido tentações e jazem desorientados, suportando prejuízos, e acham-se atormentados por aflição e desânimo. À vista de provas atravessadas, provavelmente evidenciam alterações de comportamento e, por vezes, haver-se-ão internado em erros e labirintos, cujos meandros obscuros levarão tempo a superar...

Nesses lances críticos da experiência comum, deves perguntar habitualmente a ti mesmo: "Que fazer para auxiliá-los?"

Antes de tudo, convence-te de que não será lamentando ou acusando que te farás útil, nem tampouco largando as próprias obrigações, a fim de seguir-lhes os passos, no desaconselhável tentame de arrebatá-los às lutas edificantes de que necessitam. No esforço de ajudá-los, lembremos nós mesmos quando situados em certas encruzilhadas do mundo, reconhecendo que raras vezes teremos seguido os avisos nobres com que alguém nos tenha brindado. Rememoremos as ocasiões em que teremos arquivado pareceres dignos e silenciado ante as apreensões de almas queridas, sem absolutamente deixar de lado as inclinações e propósitos que nos induziam para determinados tipos de aventura ou de ação inconveniente.

Quando devas tolerar longos períodos de ausência dos seres amados, por haverem escolhido caminhos de que não possas compartilhar, recorda que eles estão procurando a realização de si próprios. Ao invés de estranheza ou censura, dá-lhes o valioso apoio de tua compreensão e de tua bênção. Podes, além disso, auxiliá-los através da oração, permanecendo em paz e amando-os sempre, na certeza de que a Bondade de Deus, que te guia e te envolve, envolve e guia a todos eles também.

34
Apoio Espiritual

Compartilhamos, em nome da beneficência, de recursos vários, como sejam — a moeda e o agasalho, o teto e a mesa. Uma dádiva, porém, existe de que todos necessitamos no câmbio da fraternidade: a dádiva do encorajamento.

Admitamos, de modo geral, que os únicos irmãos baldos de força são aqueles que tropeçam nas veredas da extrema penúria física; no entanto, em matéria de abatimento moral, surpreendemos, em cada lance da estrada, legiões de companheiros em cujos corações a esperança bruxuleia qual chama prestes a extinguir-se, ao sopro da adversidade.

Um possui créditos valiosos nos círculos da finança, mas carrega o peso de escabrosas desilusões; exorna-se aquele com títulos de cultura e competência, todavia traz o espírito curvado sob constrangimentos e desgostos de toda espécie, como se arrastasse fardos ocultos; outro dispõe de autoridade e influência, na orientação de vasta comunidade, e tem o peito semi-sufocado de aflição à face das dores desconhecidas que lhe gravam as horas; outro, ainda, exibe-se por modelo de higidez nas vitrinas da saúde corpórea e transporta consigo um poço de lágrimas represadas, em vista das provações que lhe oneram a vida.

Detém-te em semelhantes realidades e não recuses o donativo da coragem para toda criatura irmã do caminho.

Se alguém errou, fala-lhe das lições novas que o tempo nos traz a todos; se caiu, estende-lhe os braços com a fé renovadora que nos repõe nas trilhas de elevação; se entrou em desespero, dá-lhe a bênção da paz; se tombou em tristeza, oferece-lhe a mensagem do bom ânimo...

Ninguém há que prescinda de apoio espiritual.

Agora, muitos de nós precisamos da coragem de aprender, de servir, de compreender, de esperar... E, provavelmente, mais tarde, em trechos mais difíceis da viagem humana, todos necessitaremos da coragem de sofrer e abençoar, suportar e viver.

35

Tua Posse

Jamais condenarás a posse e nem articularás, em torno dela, qualquer movimento de extorsão.

Refletirás na providência de Deus, que não permite se racione o sol que te ilumina ou o ar que te alimenta, e compreenderás que o Supremo Senhor te propicia a posse na condição de um depósito sagrado, observando a tua capacidade de amparar os teus irmãos. Tão profundo é o sentido de semelhante concessão, que sempre chega um momento em que o beneficiário haverá de transferi-la para o comando de outrem, a fim de recolher, no Mais Além, os frutos decorrentes dos créditos ou dos débitos que com ela haja granjeado, perante a Contabilidade Divina.

Nem por isso, porém, a desprezarás. Dar-lhe-ás a fundação de instrumento do bem, com que possas construir a própria felicidade, ao edificar a felicidade dos outros.

Dela retirarás o apoio que o mundo te deve, sem te esqueceres do apoio que, por tua vez, deves ao mundo.

Utilizando-a, criarás o serviço honrado que protege os companheiros de experiência, a cultura enobrecedora no sustento da escola, o socorro aos lares em provação e o alívio aos irmãos que estejam atribulados em doença e penúria.

Mas não considerarás tão-somente os recursos de natureza material como sendo a tua propriedade, no quadro dos empréstimos divinos.

Traze igualmente para a seara do amor ao próximo, honorificando o Todo-Misericordioso, o poder, a inteligência, a autoridade, a arte, a técnica ou o título que dominas.

Tua posse, na essência, é a tua possibilidade de ser útil.

Organizarás com o que tens e com o que podes a tua dádiva de ação e cooperação para que a vida se faça melhor, onde estejas, suprimindo os constrangimentos da necessidade e intensificando o serviço da bênção. E sempre que a idéia de escassez te sugira o afastamento das boas obras, lembrar-te-ás de Jesus, que vivendo e agindo em lares e barcos emprestados, sem possuir nem mesmo uma pedra em que repousar a cabeça, deu de si mesmo a bendita posse do amor, transformando-a em tesouro inalienável do mundo para a sustentação do Reino de Deus.

36

Em Matéria de Fé

Conservarás a fé.

Aprenderás com ela a entoar louvores pelas bênçãos do Pai Supremo, manifestando a gratidão que nasça do teu espírito. Entretanto, acima de tudo, tomá-la-ás para guia seguro no caminho das provas regeneradoras da Terra, para que atendas dignamente aos desígnios do Senhor, na execução das tarefas que a vida te reservou.

Cultivarás a fé.

Encontrarás nela recursos de base que te endossem as súplicas endereçadas à Providência Divina. Aplicar-te-ás, todavia, a empregá-la por sustentáculo de tuas forças, no dever a cumprir, a fim de que não desapontes o Plano Superior, na cooperação que o Mundo Espiritual te pede, em benefício dos outros.

Falarás da fé.

Guardar-lhe-ás o clarão na concha dos lábios, suscitando segurança e paz naqueles que te ouvirem.

Descobrirás nela, porém, a escora preciosa, para que não desfaleças nos testemunhos de abnegação que o mundo espera de ti, procurando sorrir ao invés de chorar, nos dias de sofrimento e provação, quando as notas do entusiasmo tantas vezes te esmorecem na boca.

Respeitarás a fé.

Reconhecerás nela o traço dominante dos grandes espíritos que veneramos na categoria de heróis e gigantes da virtude, transformados em balizas de luz, nas trilhas da Humanidade. Observarás, contudo, que ela é igualmente um tesouro de energias à tua disposição, na experiência cotidiana, conferindo-te a capacidade de realizar prodígios de amor, a começarem da esfera íntima ou do âmago de tua própria casa.

Paulo de Tarso afirmou que o homem se salvará pela fé, mas, indubitavelmente, não se reportava a convicções e palavras estéreis. Decerto que o amigo da gentilidade queria dizer que o espírito humano se aperfeiçoará e regenerará, usando confiança positiva em Deus e em si mesmo, na construção do bem comum. Fé metamorfoseada em boas obras, traduzida em serviço e erguida ao alto nível dos ensinamentos que exponha, nos domínios da atividade e da realização. Tanto é verdade semelhante assertiva que o apóstolo se referia à fé por recurso dinâmico, no campo individual, para a edificação do Reino Divino, que ele próprio nos asseverou, convincente, no versículo 22 do capítulo 14 de sua Epístola aos Romanos: "Se tens fé, tem-na em ti mesmo, perante Deus."

37
Paz de Espírito

Temos hoje, em toda parte da Terra, um problema essencial a resolver, a aquisição da paz de espírito, em que se desenvolvem todas as raízes da solução aos demais problemas que sitiam a alma.

Que diretrizes, porém, adotar na obtenção de semelhante conquista?

Usar a força, impor condições, armar circunstâncias?

Não desconhecemos, no entanto, que a tensão apenas consegue impedir o fluxo das energias criadoras que dimanam das áreas ocultas do espírito, agravando conflitos e mascarando as realidades profundas de nossa vida íntima, habitualmente imanifestas.

A paz de espírito, ao contrário, exclui a precipitação e a inquietude, para deter-se e consolidar-se na serenidade e no entendimento. Para adquiri-la, por isso mesmo, urge entregar as nossas síndromes de ansiedade e de angústia à providência invisível que nos apóia.

As ciências psicológicas da atualidade nomeiam esse recurso como sendo "o poder criativo e atuante do inconsciente", mas, simplificando conceitos, a fim de adaptá-los ao clima de nossa fé, chamamos-lhe "o poder onisciente de Deus em nós".

Render-nos aos desígnios de Deus, e confiar a Deus as questões que nos surjam intrincadas no cotidiano, é a norma exata da tranqüilidade suscetível de garantir-nos equilíbrio no mundo interno para o rendimento ideal da vida.

Colocar à conta de Deus a parte obscura de nossa caminhada evolutiva, mas sem desprezar a parte do dever que nos compete.

Trabalhar e esperar, realizando o melhor que pudermos. Fé e serviço, calma sem ócio.

Pensemos nisso e alijemos o fardo dos agentes destrutivos de ódio, ressentimento, culpa, condenação, crítica ou amargura que costumamos arrastar no barro da hostilidade com que tratamos a vida, tanta vez arruinando tempo e saúde, oportunidade e interesses.

Fundamentemos a nossa paz de espírito numa conclusão clara e simples: Deus que nos tem sustentado, até agora, nos sustentará também de agora em diante.

Em suma, recordemos o texto evangélico que nos adverte sensatamente: "Se Deus é por nós, quem poderia ser contra?"

38

Reações

Mediante a realidade de que daremos conta de nós próprios às Leis do Universo, importa reconhecer que os acontecimentos que nos sobrevenham não são para nós as coisas mais importantes da existência, e sim as nossas reações diante delas.

Através das circunstâncias, a vida traça as lições de que carecemos. À vista disso, na sucessão dos dias sempre renovados, somos impelidos aos testemunhos de nosso aproveitamento dos valores recebidos na fase da encarnação.

Há quem recolha a saúde do corpo, dela fazendo trampolim para a aquisição de prejuízos do espírito, e há quem carregue enfermidades dolorosas no envoltório físico, transfigurando-as em instrumentos preciosos para o reajuste da alma. Vemos quem desfruta os benefícios de imensa fortuna material, cavando com eles a fossa de sofrimento a que se arroja, e encontramos aqueles outros que se prendem a pesados laços de penúria, metamorfoseando-os em recursos de acesso à prosperidade.

Anotamos dessa maneira que, se existem reações individuais semelhantes, não as identificamos, em parte alguma, absolutamente análogas entre si.

Em face do problema, considera, de quando em quando, a própria estrada percorrida.

Que fazes dos sucessos e dos insucessos que te interessam à personalidade? Que realizas com o reconforto? Como ages à frente da colaboração dos amigos e da hostilidade dos inimigos? Em que transformas aquilo que és, o que tens, o que recebes, o que sabes e o que desfrutas?

Ponderemos sobre isso, enquanto se nos garantem, dos Planos Superiores, as oportunidades da permanência na Terra, seja na condição de espíritos encarnados ou desencarnados, porque os supostos bens e males do mundo se expressam por material didático sobre o qual apomos o selo de nossas réplicas, induzindo o mundo quanto ao que deva fazer por nós.

Afirma a Divina Escritura que "a cada um será dado segundo suas obras", o que, no fundo, equivale a dizer-se que as reações dos homens perante a vida é que decidirão sobre o destino de cada qual.

39
Auxiliarás por Amor

Auxiliarás por amor nas tarefas do benefício.

Não te deixarás seduzir pelo verbo fascinante dos que manejam o ouro da palavra para incrementar a violência em nome da liberdade e dos que te induzam a crer seja a vida um fardo de desenganos.

Adotarás a disciplina por norma de ação em teu ambiente de trabalho renovador, e educar-te-ás na orientação do bem, elevando o nível da existência e sublimando as circunstâncias.

De muitos ouvirás que não adianta sofrer em proveito dos outros e nem semear para sustento da ingratidão; entretanto, recordarás os benfeitores anônimos que te amaciaram o caminho, apagando-se tantas vezes para que pudesses brilhar. Rememorarás a infância, no refúgio doméstico, e perceberás que te ergueste, acima de tudo, da bondade com que te agasalharam o coração. Não conseguiste a ternura materna com recursos amoedados, não remuneraste teu pai pelo teto em que te guardou a meninice, não compraste a afeição dos que te equilibraram os passos primeiros e nem pagaste o carinho daqueles que te alçaram o pensamento à luz da oração, ensinando-te a pronunciar o nome de Deus!...

Reflete nas raízes de amor com que o Todo-Misericordioso nos plasmou os alicerces da vida, e colabora, onde estejas, para que o bem se erija por sustentáculo de todos.

Enxergarás, nos que te rodeiam, irmãos autênticos, diante da Providência Divina. Ajudarás os menos bons para que se tornem bons, e auxiliarás os bons a fim de que se façam melhores.

Se a perturbação te dificulta o caminho, serve, sem alarde, e a trilha de libertação se te abrirá, propiciando-te acesso à frente.

Se ofensas te apedrejam, escuda-te no dever bem cumprido e serve sempre, na certeza de que a bondade com a força do tempo é a mola natural de todos os reajustes.

Muitos mandam, exigem, dispõem ou discutem... Serás aquele que serve, o samaritano da bênção, o entendimento dos incompreendidos, a luz dos que se debatem nas sombras, a coragem dos tristes e o apoio dos que se afligem na retaguarda!... E, ainda quando te vejas absolutamente a sós, no ministério do bem, serás fiel à obrigação de servir, lembrando-te de que, certo dia, um anjo na forma de um homem escalou um monte árido em supremo abandono, carregando a cruz do próprio sacrifício, mas porque servia e servia, perdoando e perdoando, fez-se nas trevas da morte o sol das nações, em perenidade de luz e amor para o mundo inteiro.

40
Nossos Problemas

De modo geral, um problema surge à frente e consideramo-nos logo batidos pela aflição. Não raro, contornamo-lo através da fuga deliberada. Noutras ocasiões, antes de arrostá-lo, resvalamos em desânimo ou rebeldia. E lá se vai a oportunidade da promoção.

Às vezes, nós — espíritos eternos — perdemos sucessivas reencarnações, simplesmente pelo medo de facear certas dificuldades justas e necessárias ao nosso burilamento.

Problemas, no entanto, constituem o preço da evolução.

Não há conhecimento sem experiência e não há experiência sem provas.

Em todos os níveis da Natureza prevalecem semelhantes princípios. O embrião da planta vive na semente um problema fundamental: como atravessar o envoltório que o resguarda, para construir o seu próprio caminho na direção da luz? A lagarta enfrenta outro: onde encasular-se para ser borboleta?

Não fossem os desafios e exercícios da escola, a cultura, tanto quanto a civilização, seriam tão-somente idéias remotas no campo da Humanidade.

Não te amedrontes ante os problemas que te visitem. São eles recursos naturais da existência, medindo-te a capacidade de adaptação e crescimento.

Nunca te certificarias se possuis bastante reservas de coragem, sem o obstáculo que te ensina a decifrar os segredos da auto-superação, e jamais saberias se realmente amas, sem a dor que te ajuda a desentranhar os mais puros sentimentos do coração.

Problemas são sinônimos de lição. Se tens o caminho repleto deles, isso significa que chegaste à madureza de espírito, com a possibilidade de freqüentar simultaneamente vários cursos de aperfeiçoamento no educandário do mundo.

Bendize o ensejo de testemunhar a tua abnegação e a tua fé, porque todo momento de compreender e perdoar, auxiliar e edificar, é hora de aprender e tempo de progredir.

41

Indicação da Vida

"Uma receita que nos cure os sofrimentos da mágoa, uma indicação para esquecer o mal" — muitos pedem.

Urge, no entanto, reconhecer que o bem é tão vital e espontâneo em nossa estrada comum, que nos habituamos freqüentemente a recolhê-lo sem, ao menos, pensar em estudo ou gratidão.

Exemplo: o amparo incessante e gratuito do sol e do ar que nos alimenta.

De modo geral, não nos lembramos de que vivemos imersos no oceano infinito da Infinita Bondade de Deus, e, em muitas ocasiões, ao invés de seguir os movimentos certos das correntes do Amor Universal em que existimos e respiramos, lutamos contra elas, a dilapidar em vão as nossas próprias forças, só no intuito de solenizar diminutos detritos de lodo que passam por nós, a caminho de esquecimento e desintegração.

Se te encontras sob o real propósito de subtrair o coração à influência do mal, promete a ti mesmo enumerar as bênçãos que te rodeiam e aquelas outras que te ocorrem na experiência cotidiana: o abrigo doméstico, a saúde relativa, o remédio que te suplementa as energias, o pão, a veste, a água pura, o trabalho digno, os recursos que te sustentam a execução dos compromissos assumidos sem problemas de consciência, o estudo tanto quanto queiras, os valores da amizade, as possibilidades de compreender e de auxiliar, o tesouro da oração, o apoio constante à renovação íntima, as palavras encorajadoras de alguém...

Faze cada manhã uma lista dos bens que Deus já colocou à tua disposição e observarás que o mal é nuvem passageira no céu de tuas idéias e emoções; então te desvencilharás, rapidamente, de todos os laços que ainda te prendam, porventura, à sombra de ontem para encontrares hoje o melhor tempo de sentir o bem, conhecer o bem, crer no bem e praticar o bem, na romagem evolutiva em que todos nos achamos, buscando, passo a passo, a vida perfeita para a felicidade maior.

42
Perante os Caídos

Tão fácil relegar ao infortúnio os nossos irmãos caídos!!... Muitos passam por aqueles que foram acidentados em terríveis enganos e nada encontram a fim de oferecer-lhes senão frases como estas: *"eu bem disse"*, *"avisei muito"*... No entanto, por trás da queda de nosso amigo menos feliz estão as lutas da resistência, que só a Justiça Divina pode medir.

Esse foi impelido à delinqüência e faz-se conhecido agora por uma ficha no cadastro policial; mas até que se lhe consumasse a ruína, quanto abandono e quanta penúria terá arrastado na existência, talvez desde os mais recuados dias da infância!... Aquele se arrojou aos precipícios da revolta e do desânimo, abraçando o delírio da embriaguez; contudo, até que tombasse no descrédito de si mesmo, quantos dias e quantas noites de aflição terá atravessado, a estorcegar-se sob o guante da tentação para não cair!... Aquele entrou pelas vias da insensatez e acomodou-se no poço da infelicidade que cavou para si próprio; todavia, em quantos espinheiros de necessidade e perturbação ter-se-á ferido, até que a loucura se lhe instalasse no cérebro atormentado!!... Aquele outro desertou de tarefas e compromissos em cuja execução empenhara a vitória da própria alma e resvalou para experiências menos dignas comprometendo os fundamentos da própria vida; no entanto, quantas tribulações terá agüentado e quantas lágrimas vertido, até que a razão se lhe entenebrecesse, abrindo caminho à irresponsabilidade e à demência!!...

Diante dos companheiros apontados à censura, jamais condenes! Pensa nas trilhas de provação e tristeza que haverão perlustrado até que os pés se lhes esmorecessem, vacilantes, na jornada difícil!! Reflete na corrente de fogo invisível que lhes terão requeimado a mente, até que cedessem às compulsões terríveis das trevas!!... Então, e só então, sentirás a necessidade de pensar no bem, falar no bem, procurar o bem e realizar unicamente o bem, compreendendo, por fim, a amorosa afirmação de Jesus: "Eu não vim à Terra para curar os sãos."

43
Perto de Ti

Ouves expressivos comunicados do Plano Espiritual, quanto ao trabalho que te espera no mundo.

Comumente, depois disso, deixas que o próprio pensamento divague ao longe, pesquisando notícias dos males enormes que assolam a Terra.

Sabes que as grandes necessidades reclamam as grandes intervenções, e refletes, para logo, nas missões gigantescas, como sejam a extinção da guerra, supressão dos preconceitos raciais que prejudicam povos inteiros, a cura de doenças que vergastam a Humanidade ou a decifração dos enigmas da ciência.

Em verdade, tudo isso demanda a presença de missionários especializados; entretanto, urge atendas aos Desígnios Divinos, na execução dos serviços menos importantes que se amontoam junto de ti.

Talvez não haja, até agora, qualquer chamamento que te peça para atuar nos conflitos armados, em outras terras, mas o Senhor te solicita para apaziguar os corações que te rodeiam para que a serenidade e a paz te presidam no campo doméstico; é possível que ninguém te aguarde, por enquanto, para qualquer contribuição no banimento definitivo das moléstias consideradas insanáveis; no entanto, o Senhor te roga socorro, em favor dos irmãos doentes que choram e sofrem, na área de tua influência pessoal e direta. Provavelmente, não tens ainda a palavra convidada para traçar diretrizes, à frente das multidões; todavia, o Senhor conta com o teu verbo compreensivo e brando, nos círculos de tua convivência, garantindo tranqüilidade e elevação àqueles que contigo partilham a vida. Não se sabe se trazes alguma incumbência do Alto para responder aos desafios da Natureza com essa ou aquela descoberta de valor fundamental para a Humanidade, porém é certo que o Senhor espera tua colaboração para que se resolvam pequeninos problemas, no quadro das provações de quantas renteiam contigo na trilha cotidiana.

Todo serviço no bem dos outros tem grande importância perante o Divino Mestre.

Justo, assim, te interessares por todos os assuntos graves do Planeta e forçoso que faças quanto possas, a benefício dos companheiros do mundo que se vejam a longa distância da estrada em que transitas, mas é imperioso entenderes que o Senhor aguarda tua cooperação decidida, em todas as tarefas de amor, compreensão, tolerância, apoio fraterno e serviço incessante, em auxílio de todos aqueles que se encontrem perto de ti.

44
Conversa em Família

Quando observares a dificuldade moral de alguém, não te detenhas na superfície das coisas. Aprofunda-te no exame das causas, para que a injustiça não te enodoe o coração.

Recordemos que o médico nem sempre identifica a enfermidade pelo que vê, mas sobretudo por aquilo que não vê, apoiado na cooperação do laboratório.

Raramente, todo o mal é aquele mal que se enxerga no lado visível das circunstâncias.

A Humanidade é constituída de povos; cada povo se baseia em comunidades; cada comunidade é uma coletânea de grupos; cada grupo é uma constelação de almas.

Não opines sobre qualquer acontecimento infeliz, sem apreciar todas as peças que o suscitaram.

Como definir a posição da esposa, imaginada em desvalimento, sem considerar a conduta do esposo, chamado pelos princípios de causa e efeito a prestar-lhe assistência? E como examinar o homem tombado em criminalidade passional, sem analisar a mulher que o levou ao desvario? De que modo interpretar os jovens transviados, sem tocar nos adultos que os largaram à matroca, e de que maneira observar a penúria dos mais velhos, sem anotar o abandono a que foram votados pelos mais moços? Como acusar unicamente os maus, sem perguntar aos bons o que fizeram por eles, na esfera da convivência? E como condenar exclusivamente os pecadores, sem saber que orientação recolheram dos virtuosos que com eles comungam a vida cotidiana? Serão justos ou insensíveis os espíritos nomeados por justos quando relegam seus irmãos aos enganos da injustiça, sem a mínima frase que lhes clareie o raciocínio? E serão corretos ou ingratos os espíritos supostos corretos quando deixam seus irmãos afundados no erro, sem o menor amparo que lhes refaça o equilíbrio?

Irmãos uns dos outros pelos laços da família maior — a Humanidade —, à frente de nossos companheiros caídos, antes de censurá-los será preciso interrogar-nos a nós próprios que espécie de benefício já lhes teremos feito, a fim de que não resvalassem no lodo que lhes desfigura a face divina de filhos de Deus, tão carecedores da bênção de Deus quanto nós.

Reflitamos nisso, porque, atendendo a isso, sempre que impelidos a observar o comportamento de alguém, teremos a misericórdia por inspiração e apoio, a fim de que não falhemos ao imperativo do amor para a glória do bem.

45
Amparo Mútuo

Apesar da condição de viajor que te caracteriza no mundo, pensa, de quando em quando, em teu coração como sendo esta a embalagem de que outros viajores se valem para refazimento ou informação, socorro ou descanso.

Alija da entrada de tua casa íntima quaisquer calhaus que podem ferir os pés daqueles que te procuram, e acende aí a luz da compaixão com que sejas capaz de compreender e auxiliar a todos, conforme a necessidade de cada um.

Recorda os obstáculos que já venceste e não permitas que o abrigo de tua alma se converta em labirinto de sombras para os que te buscam.

Já sabes que a vida possui carga suficiente de realidade para esclarecer os que passam na carruagem da ilusão; assim, não lhes atires em rosto os enganos de que se enfeitam para o encontro com a verdade, e, em acolhendo aqueles que carregam defeitos à mostra, cobre-os com a bondade de teu olhar, sem referir-te às chagas que transitoriamente lhes desfiguram a vida.

Todos nós, em espírito, nos albergamos uns com os outros. Cede aos companheiros que te pedem apoio o ambiente de paz e a mesa da bênção. Em suma, compadece-te de todos os que passam pelo asilo de tua alma! Qual deles, como acontece a nós próprios, estará sem problemas? Qual deles caminhará para a frente sem que a dor lhe purifique a visão?

Diante dos bons, compadece-te, porquanto desconheces quantos espinhos se lhe cravam no coração, diariamente, para serem fiéis ao bem, e, diante dos maus, compadece-te, duplamente, de vez que não ignoramos quanto sofrimento os aguarda, caminho afora, para que se desvencilhem do mal.

Seja quem for que te bata às portas da apreciação, abençoa-o com a palavra do entendimento, e se alguém chega para habitar contigo, no mesmo domínio do trabalho e do ideal, em alguma estação breve ou longa de convivência, oferece a esse alguém o melhor que puderes.

Nada sintas, penses, fales ou faças sem que a compaixão te assessore. Todos somos hóspedes uns dos outros, e, se hoje aparece quem te rogue atenção e zelo, proteção e simpatia, em vista das surpresas aflitivas da estrada, é possível que amanhã outras surpresas aflitivas da estrada esperem também por ti.

46
Auxílio Moral

Em muitas circunstâncias, afligimo-nos ante a impossibilidade de alterar o pensamento ou o rumo das pessoas queridas.

Como auxiliar um filho que se distancia de nós, através de atitudes que consideramos indesejáveis, ou amparar um amigo que persiste em caminho que não nos parece o melhor?

Às vezes, a criatura em causa é alguém que nos mereceu longo tempo de conveniência e carinho; noutros lances da vida, é pessoa que se nos erigia na estrada em baliza de luz.

Tudo o que era harmonia passa ao domínio das contradições aparentes, e tudo aquilo que se nos figurava tarefa triunfante nos oferece a impressão de trabalho deteriorado, voltando à estaca zero.

Chegados a esse ponto de indagação e estranheza, é imperioso compreender que todos temos, na edificação espiritual uns dos outros, uma parte limitada de serviço e concurso, depois da qual vem a parte de Deus.

O lavrador promove condições favoráveis ao plantio da lavoura, mas não consegue colocar o embrião na semente; protege a árvore, mas não lhe inventa a seiva.

Assim ocorre igualmente conosco, nas linhas da existência. Cada qual de nós pode ofertar a outrem apenas a colaboração de que é capaz. Além dela, surge a zona íntima de cada um, na qual opera a Divina Providência, através de processos inesperados e, muitas vezes, francamente inacessíveis ao nosso estreito entendimento.

Diante, pois, dos seres diletos que se nos complicam na estrada, o melhor e mais eficiente auxílio moral com que possamos socorrê-los será sempre o ato de estender-lhes a bênção da oração silenciosa, para que aceitem, onde se colocaram, o Amparo Divino que nunca falha. Sejam quais forem os problemas que nos forem apresentados pelos entes queridos, guardemos a própria serenidade e cumpramos para com eles a parte de serviço e devotamento que lhes devemos, depois da qual é forçoso que nos decidamos a entregá-los à oficina da vida, em cujas engrenagens e experiências recolherão, tanto quanto nós todos temos recebido, a parte oculta do amor e da assistência de Deus.

47
Ofensas e Ofensores

Tão logo apareçam diante de nós quaisquer problemas de injúria, prejuízo, discórdia ou incompreensão, é imperioso observar quão importante para o espírito é o estudo das próprias reações, a fim de que a mágoa não entre em condomínio com as forças que nos habitam a mente.

Ressentir-nos é cortar os tecidos da própria alma ou acomodar-nos com o veneno que se nos atiram, acalentando sofrimento desnecessário ou atraindo a presença da morte. Isso porque, à face da lógica, todas as desvantagens no capítulo das ofensas pesam naqueles que tomam a iniciativa do mal.

O ofensor pode ser a criatura que está sob lastimáveis processos obsessivos, que carrega enfermidades ocultas, que age ao impulso de tremendos enganos, que atravessa a nuvem do chamado momento infeliz, e, quando assim não seja, é alguém que traz a visão espiritual enevoada pela poeira da ignorância, o que, no mundo, é uma infelicidade como qualquer outra. Cabem, ainda, ao ofensor o pesadelo do arrependimento, o desgosto íntimo, o anseio de reequilíbrio e a frustração agravada pela certeza de haver lesado espiritualmente a si próprio.

Aos corações ofendidos resta unicamente um perigo — o perigo do ressentimento, que, aliás, não tem a menor significação quando trazemos a consciência pacificada no dever cumprido.

Entendendo isso, nunca respondas ao mal com o mal.

Considera que os ofensores são, quase sempre, companheiros obsessos ou desorientados, enfermos ou francamente infelizes, a quem não podemos atribuir responsabilidades maiores pelas condições difíceis em que se encontram.

Recomendou-nos Jesus: "Amai os vossos inimigos."

A nosso ver, semelhante instrução, além de impelir-nos à virtude da tolerância, faz-nos sentir que os ofendidos devem acautelar-se, usando a armadura do amor e da paciência, a fim de que não sofram os golpes do ressentimento, de vez que os ofensores já carregam consigo o fogo do remorso e o fel da reprovação.

48
Provações e Orações

Referimo-nos, muitas vezes, às circunstâncias difíceis como sendo óbices insuperáveis, trazidos por forças cegas do destino, arrasando-nos a coragem e a alegria de viver, simplesmente porque, em certas ocasiões, as nossas súplicas ao Céu não adquirem respostas favoráveis e prontas. Outro, porém, ser-nos-á o ponto de vista, se consideramos que os acontecimentos críticos são carreados até nós pelos recursos inteligentes da vida, certificando-nos a capacidade de auto-superação.

Imaginemos o desmantelo e a desordem que haveria no mundo se todos os nossos desejos fossem imediatamente atendidos. Por outro lado, analisemos a mutabilidade de nossas situações e disposições, e verificaremos que muitas das providências solicitadas por nós ao Suprimento Divino, quando concedidas, em muitos casos, já nos encontram em outras faixas de petição.

Daí, o caráter ilícito de nossas queixas, quando alegamos que o Senhor nem sempre nos ouve nos dias da angústia.

Hoje, queremos isso ou aquilo, amanhã já não queremos aquilo ou isso. Disputamos a posse de determinado objeto e passamos a desinteressar-nos da concessão, depois de obtida.

Como esperar que a Divina Misericórdia nos suprima o amparo ou o remédio, o socorro ou a lição, se as horas difíceis são os instrumentos de que carecemos para que se nos sulque convenientemente o espírito para as tarefas do necessário burilamento?

Se provações constrangedoras te alcançam a estrada, não te permitas a omissão da luta, através de fuga ou desânimo. Persevera trabalhando na área em que te afligem, na certeza de que são fatores de promoção a te elevarem de nível.

Tolera as condições desfavoráveis que te repontem na senda de cada dia, pois, se as aceitas, servindo e construindo, logo observarás que o amparo do Alto te sustenta na travessia de todas elas, porque em nenhum lugar e em tempo algum estaremos nós separados de Deus.

49
Dar e Fazer

Se deixas o coração naquilo que dás e fazes, realmente ninguém poderá prever os celeiros de bênçãos que te advirão de semelhante atitude.

Liquidarás o problema do companheiro em dificuldades materiais; no entanto, se o abraças por irmão verdadeiro, auxiliar-lhe-ás o espírito a desvencilhar-se das idéias de penúria e inatividade, impelindo-o a tomar posição no trabalho digno. Desse ponto de recuperação, seguirá ele para a frente, com a tua bênção de fraternidade, e pessoa alguma avaliará os frutos de progresso e alegria que os outros recolherão do teu concurso inicial.

Visitarás o doente, emocionando-o com a tua prova de apreço; entretanto, se o acolhes no íntimo, na condição de um ente querido, libertá-lo-ás das idéias de desânimo e abandono, restituindo-lhe a paz da alma. Desse marco de reajuste, avançará ele caminho adiante, e, ainda quando continue assaltado por moléstia difícil, não conseguirás calcular os frutos de paciência e conformidade que os outros recolherão de teu gesto afetivo.

Se te limitas a pagar o salário estipulado em contrato ao cooperador que te serve, doando-lhe dinheiro às mãos e secura ao coração, terás talvez para breve um adversário potencial de tua obra.

Na escola, se te circunscreves ao programa estabelecido, ministrando aos estudantes a aula de horário certo, sem enriquecê-la de bondade e compreensão, é provável que te faças acompanhar, desde logo, por toda uma classe constituída de alunos rebeldes e repetentes.

Não nos referimos a isso para que se deva agir com irresponsabilidade. Aspiramos salientar que, se quisermos auxiliar e construir, ao mesmo tempo é preciso colocar a própria alma naquilo que se concede e realiza.

Em suma, é importante tudo o que dás e fazes, no auxílio ao próximo; todavia, é sempre mais importante para os outros e a favor de ti mesmo a maneira como dás isso ou fazes aquilo, de vez que todo benefício sem amor é comparável ao poço raso, cujas águas de ontem secam hoje por falta de vida e circulação.

50
Como Perdoar

Na maioria dos casos, o impositivo do perdão surge entre nós e os companheiros de nossa intimidade, quando o suco adocicado da confiança se nos azeda no coração.

Isso acontece porque, geralmente, as mágoas mais profundas repontam entre os espíritos vinculados uns aos outros na esteira da convivência.

Quando nossas relações adoecerem, no intercâmbio com determinados amigos que, segundo a nossa opinião pessoal, se transfiguram em nossos opositores, perguntemo-nos com sinceridade: "Como perdoar se perdoar não se resume à questão de lábios e sim a problema que afeta os mais íntimos mecanismos do sentimento?"

Feito isso, demo-nos pressa em reconhecer que as criaturas em desacerto pertencem a Deus e não a nós; que também temos erros a corrigir e reajustes em andamento; que não é justo retê-las em nossos pontos de vista, quando estão, qual nos acontece, sob os desígnios da Divina Sabedoria que mais convém a cada um, nas trilhas do burilamento e do progresso. Em seguida, recordemos as bênçãos de que semelhantes criaturas nos terão enriquecido no passado e conservemo-las em nosso culto de gratidão, conforme a vida nos preceitua.

Lembremo-nos também de que Deus já lhes terá concedido novas oportunidades de ação e elevação em outros setores de serviço e que será desarrazoado de nossa parte manter processos de queixa contra elas, no tribunal da vida, quando o próprio Deus não lhes sonega amor e confiança.

Quando te entregares realmente a Deus, a Deus entregando os teus adversários como autênticos irmãos teus — tão necessitados do Amparo Divino quanto nós mesmos, penetrarás a verdadeira significação das palavras de Cristo: "Pai, perdoa as nossas dívidas assim como perdoamos aos nossos devedores", reconciliando-te com a vida e com a tua própria alma. Então, saberás oscular de novo a face de quem te ofendeu, e quem te ofendeu encontrará Deus contigo e te dirá com a mais pura alegria do coração: "Bendito sejas!..."

51
Não Somos Exceções

Quando sofreres alfinetadas morais no mundo, não te permitas, por isso, cair no labirinto das grandes complicações.

Forçoso que a mínima brecha no carro ou na embarcação receba reparos imediatos se o viajante não deseja arriscar-se.

Nos comprometimentos do corpo, esmera-te no uso de remédios, ginásticas, dietas, cirurgias; nos males da alma, não te curarás ao preço de expectação. Urge empregar observações, decisões, normas, estudos.

Quando a ansiedade ou aflição te visitarem, analisa a ti mesmo, delibera quanto ao que devas fazer para evitar desequilíbrio e conturbação, assume a responsabilidade da própria disciplina e inspeciona o campo de ação em que te movimentas.

Sem dúvida, necessitas de refazimento e conforto; no entanto, em favor do próprio reajuste, aprende a reconhecer que, em matéria de sofrimento, não constituis exceção.

Reflete naqueles que carregam fardos mais pesados que os teus. Os que desejam andar como naturalmente caminhas e jazem atarraxados em leitos imóveis; os que anseiam ver como enxergas e tateiam na sombra; os que te contemplam a mesa farta, sem recursos de usufruí-la; e os que estimariam compartilhar-te a segurança íntima e suportam a cabeça esfogueada pelas chamas invisíveis da obsessão.

Fita a vanguarda dos que se te fizeram superiores, a fim de que te animes à subida espiritual; todavia, não desfites a retaguarda, para que te reconfortes nos valores já conquistados e que podes claramente distribuir, a benefício dos outros.

Sofre, aprendendo, e eleva-te, auxiliando. Este, o programa do educandário da vida em si, porquanto, seja na ascensão ou no resgate, aperfeiçoando ou ressarcindo, a lei das provas é o agente aferidor do merecimento de cada um, sem criar privilégios ou favores, clandestinidades ou exceções para ninguém.

52

Opositores

Inegavelmente, se respeitamos os dotes e compromissos do próximo, por que lhe menosprezar as opiniões?

De maneira geral, solicitamos dos outros as qualidades perfeitas que ainda não possuímos e, nesse pressuposto, é natural que os adversários nos dirijam advertências e nos apontem caminhos no intuito de emendar-nos ou combater-nos.

Se os nossos opositores fossem unicamente aqueles que nunca nos desfrutaram a intimidade e que tão-só nos hostilizam, em razão dos pontos de vista que abraçam, fácil seria ignorá-los ou esquecê-los. Entretanto, eles são também e, bastas vezes, aqueles mesmos companheiros que nos comungavam a faixa de ideal, que respiravam conosco debaixo do mesmo teto, que nos asseguravam confiança e ternura ou que nos hasteavam a bandeira de esperança e harmonia. Modificados superficialmente pelas circunstâncias da vida, quase sempre não mais compartilham conosco objetivos e anseios e, se emitem apontamentos ao redor das atividades em que nos deixaram, muitas vezes expressam-se contrariamente aos propósitos em que procuramos perseverar nas tarefas, cuja execução nos oferece paz e equilíbrio, encorajamento e alegria.

Quando isso ocorrer, que haja de nós para eles o respeito preciso.

O que vemos de um ponto determinado do caminho nem sempre guarda os mesmos característicos se trocamos de posição. As opiniões dos outros são patrimônios dos outros a reclamar-nos apreço. Se trazem censuras cabíveis, saibamos acolhê-las, aproveitando-lhes o valor nas corrigendas que se nos façam necessárias; se lavram condenações, respondamos com a bênção; se encerram inverdades, compadeçamo-nos daqueles que as pronunciam; e se exigem de nós atitudes e alterações incompatíveis com a nossa consciência, permaneçamos fiéis aos deveres que esposamos perante o Senhor, formulando votos para que eles — os nossos adversários e irmãos do coração —, quando trazidos ao nosso lugar, possam efetivamente realizar todo o bem que não conseguimos fazer.

53

Discussões

Hora de aborrecimento ou desagrado — tempo de silêncio e de oração.

Esclarecer, analisar, observar, anotar, mas toda vez que o azedume aparecer, mesmo de longe, deixar a conversação ou o entendimento para depois.

Discutir, no sentido de questionar ou contentar, é o mesmo que atirar querosene à fogueira.

Sempre que nos adentramos na irritação, a tomada de nosso pensamento se liga, de imediato, para as áreas da perturbação ou da sombra. Então, a palavra se nos debita na conta do arrependimento, porque facilmente exageramos impressões, esposamos falsos julgamentos, provocamos reações negativas ou magoamos alguém sem querer. E o pior de tudo isso é que as rupturas nas relações harmoniosas do lar ou do grupo fraterno se principiam de bagatelas, semelhantes às brechas diminutas pelas quais se esbarrondam vigorosas represas, criando as calamidades da inundação.

Saibamos tolerar os dissabores e contratempos da vida, arredando-os do cotidiano, como quem alimpa um campo minado.

Aceitemos a reclamação alheia, paguemos o prejuízo que nos seja possível resgatar sem maior sacrifício e esqueçamos a frase impensada ou o gesto de desconsideração tantas vezes involuntários com que nos hajam ferido.

Nunca valorizar ocorrências desagradáveis ou futilidades que pretendam tisnar-nos o otimismo.

Há quem diga que da discussão nasce a luz. É provável seja ela, em muitos casos, um fator de discernimento, quando manejada por espíritos de elevada compreensão; no entanto, em muitos outros, nada mais faz que apoiar a discórdia e apagar a luz.

54
Na Sublime Iniciação

Quando Jesus nos convocou à perfeição, conhecia claramente a carga de falhas e deficiências de que estamos ainda debitados perante a Contabilidade da Vida.

Urge, assim, penetrar o sentido de semelhante convite, aceitando, de nossa parte, a sublime iniciação.

Na subida áspera em demanda aos valores eternos, as Leis do Universo não nos reclamam qualquer ostentação de grandeza espiritual. Criaturas em laboriosa marcha na senda evolutiva, atendamos, desse modo, aos alicerces do aprendizado.

Nas horas de crise, os Estatutos Divinos não nos rogam certidões de superioridade a raiarem pela indiferença, e sim, que saibamos sofrê-las com reflexão e dignidade, assimilando os avisos da experiência.

Renteando com injúrias e zombarias, as Instruções do Senhor não exigem de nós a máscara da impassibilidade, e sim, que as vençamos de ânimo forte, assimilando-lhes a passagem com a bênção da compreensão fraternal.

Defrontados por tentações, a vida não espera que estejamos diante delas, em regime de anestesia, e sim, que busquemos neutralizá-las com paciência e coragem, entesourando os ensinos de que se façam mensageiras, em nosso próprio favor.

Desafiados pelas piores desilusões, não nos pedem os Regulamentos da Eternidade qualquer testemunho de aridez moral, e sim, que diligenciemos esquecê-las sem a menor manifestação de desânimo, abraçando mais as amplas demonstrações de serviço.

Abstenhamo-nos de adornar a existência com expectações ilusórias. Somos criaturas humanas, a caminho da sublimação necessária e, nessa condição, errar e corrigir-nos para acertar sempre mais são impositivos de nosso roteiro. Conquanto, porém, permaneçamos convencidos de que não nos é possível envergar agora a túnica dos anjos, podemos e devemos matricular-nos na escola dos espíritos bons.

55
Nossa Parcela

Talvez não percebas. Entretanto, cada dia, acrescentas algo de ti ao campo da vida.

As áreas dos deveres que assumiste, são aquelas em que deixas a tua marca, obrigatoriamente, mas possuis distritos outros de trabalho e de tempo, nos quais o Senhor te permite agir livremente, de modo a impregná-los com os sinais de tua passagem.

Examina por ti mesmo as situações com que te defrontas, hora a hora. Por todos os flancos, solicitações e exigências. Tarefas, compromissos, contatos, reportagens, acontecimentos, comentários, informações, boatos. Queiras ou não queiras, a tua parcela de influência conta na soma geral das decisões e realizações da comunidade, porque em matéria de manifestação, até mesmo o teu silêncio vale.

Não nos referimos a isso para que te ergas, cada manhã, em posição de alarme. Anotamos o assunto para que as circunstâncias, sejam elas quais forem, nos encontrem de alma aberta ao patrocínio e à expansão do bem.

Acostumemo-nos a servir e abençoar sem esforço, tanto quanto nos apropriamos do ar, respirando mecanicamente. Compreender por hábito e auxiliar aos outros sem idéia de sacrifício.

Aprendemos e ensinamos caridade em todos os temas da necessidade humana. Façamos dela o pão espiritual da vida.

Acreditemos ou não, tudo o que sentimos, pensamos, dizemos ou realizamos nos define a contribuição diária no montante de forças e possibilidades felizes ou menos felizes da existência.

Meditemos nisso. Reflitamos na parcela de influência e de ação que impomos à vida, na pessoa dos semelhantes, porque de tudo o que dermos à vida, a vida também nos trará.

56
Deus Virá

Não esmoreças sob o fardo das provações e nem te desanimes na bruma das lágrimas.

Nas horas mais difíceis da senda terrestre, recorda que Deus virá em nosso auxílio.

Ouvirás quem te fale dos triunfos retumbantes do mal, convidando-te à cessação de qualquer esforço no bem, sob o pretexto de que o mal se acha escorado pelas enormes legiões daqueles que dele auferem as vantagens de superfície. Não discutas. Servirás incessantemente ao bem comum, na certeza de que Deus virá, pelas vias do tempo, repor os bons no lugar justo.

Assinalarás a presença daqueles que te fazem sentir que os desentendimentos do mundo não se coadunam com o trabalho da paz, com a desculpa de que o homem tem necessidade da guerra como imperativo da evolução. Não discutas. Darás todo o apoio à sustentação da concórdia, onde estejas, consciente de que Deus virá, pelas vias do tempo, estabelecer a solidariedade perfeita entre as nações.

Escutarás longas dissertações acerca da deterioração dos costumes, inclinando-te a descrer da dignidade social. Não discutas. Serás fiel no respeito a ti mesmo e não te retirarás do dever retamente cumprido, na convicção de que Deus virá, pelas vias do tempo, reajustar os setores convulsionados da comunidade humana, recolocando cada um deles em caminho certo.

Muitas vezes, na própria trilha pessoal, amargos vaticínios te procurarão da parte de muitos companheiros, tentando fixar-te o campo mental nas mais escabrosas questões da caminhada do dia-a-dia... Ouviremos referências inquietantes em torno de compromissos que tenhamos abraçado, de pessoas a quem nos afeiçoamos, de instituições a que oferecemos o melhor conteúdo de nossas aspirações para a vida mais alta... Respeitemos a todos os informantes amigos que nos solicitem a atenção para a influência do mal e, tanto quanto nos seja possível, cooperemos com eles na extinção do mal; entretanto, guardemos o coração invariavelmente na túnica luminosa da esperança, orando e trabalhando, vigiando e servindo, convencidos de que Deus, cuja infinita bondade nos sustentou ontem e nos sustenta hoje, sustentar-nos-á igualmente amanhã.

Sejam quais forem as aflições e desafios da estrada, nunca te deixes intimidar pela força das trevas e faze brilhar no próprio coração a mensagem inarticulada do amor eterno que a luz dos céus abertos te anuncia, cada manhã, de horizonte a horizonte: "Deus virá."

57
Acontece o Melhor

Rendição a Deus, a atitude certa para a vitória na vida.

Essa entrega, porém, não significa desistência de ação ou moleza espiritual.

Primeiro, o dever retamente cumprido. Depois, a aceitação. Nessa base, reconheceremos que as circunstâncias nos trazem aquilo que de melhor a existência nos possa oferecer.

No mecanismo das ocorrências, a oração ou o desejo expressam o pedido. Os acontecimentos posteriores consubstanciam a resposta da vida; e quem cumpre as obrigações que a vida lhe assinala, mantém a consciência segura e habilitada seja ao entendimento, seja à conformação.

No espírito harmonizado com a execução dos próprios compromissos, não há lugar para o desespero. Se alguma dor aparece, ela se representa como sendo o mal menor frustrando calamidades pendentes; problemas inesperados exprimem dilações necessárias em assuntos graves, cuja solução imediata geraria conflitos ainda mais inquietantes; supostas ingratidões repontam do solo afetivo, à maneira de poda na árvore da existência, favorecendo a mais ampla produção de felicidade e paz; e a própria morte natural, quando visita o lar terrestre, às vezes menos compreendida, é providência abençoada, evitando calvários pessoais e domésticos ou coibindo acontecimentos funestos de resultados imprevisíveis.

Ante as dificuldades do cotidiano, silenciemos quaisquer impulsos à rebeldia, e calemos reações irrefletidas à frente dos empeços da estrada.

Deus responde certo.

Atendamos ao trabalho que as circunstâncias nos preceituam e, depois do dever cumprido, aceitemos o que vier, na certeza de que para a consciência tranqüila acontece o melhor.

58
Serviço a Quem Serve

Beneficência pouco lembrada — aquela que devemos aos que nos beneficiam.

Quantas vezes nos será possível realizar prodígios de amor simplesmente moderando estados de impaciência ou de angústia!

Dentro do lar, medita na importância do teu sorriso para o anjo materno que se esfalfa em atender-te e no valor de tua tranqüilidade para o coração paternal que tudo daria para ver-te feliz! No grupo de trabalho, considera a importância de tua paz, em favor dos companheiros de equipe, a fim de que funcionem com eficiência e harmonia, nas engrenagens da ação. Nas empresas do bem, pondera quanto ao imperativo das tuas atitudes de solidariedade e compreensão, em apoio dos irmãos chamados a graves tarefas, na direção ou na subalternidade, de modo a garantirem as boas obras.

Em muitas ocasiões, de uma simples frase de afeto jorram fontes de alegria para legiões de pessoas.

Por isso mesmo, igualmente nas horas obscuras de doença e prostração, pensa no alto sentido de tua serenidade em socorro dos entes queridos que te rodeiam.

Ampara o médico que te ampara, oferecendo-lhe clima ao tratamento preciso. Auxilia os enfermeiros que te auxiliam para que te escorem com segurança, sem atropelos inúteis.

Todos temos problemas a resolver, mas todos somos concitados pela sabedoria da vida a doar calma e cooperação, paz e felicidade aos outros, para que os outros nos ajudem na solução de nossos próprios enigmas.

Todos carecemos de alguma coisa; porém, é indispensável convir que para receber é preciso dar.

Em síntese, ninguém há que não reclame o serviço de alguém; no entanto, é imperioso ajudar e servir aos que nos servem, a fim de que eles nos possam mais amplamente entender e auxiliar.

59
Em Torno da Virtude

Se uma criatura possui enorme fortuna, podendo desmandar-se na prodigalidade ou na avareza, e busca empregá-la no bem-estar e no progresso, na educação e no aprimoramento dos semelhantes...

Se dispõe de autoridade com recursos para manejar a própria influência em seu exclusivo proveito, e procura aplicá-la no auxílio aos outros...

Se sofre acusação indébita com elementos para justiçar-se do modo que considere mais justo, e prefere esquecer a ofensa recebida, reconhecendo-se igualmente passível de errar...

Se já efetuou em favor de alguém todos os serviços ao seu alcance, recolhendo invariavelmente a incompreensão por resposta, e prossegue amparando esse alguém, através dos meios que se lhe fazem possíveis, sem exigência e sem queixa...

Essa pessoa ter-se-á colocado, evidentemente, a cavaleiro das piores tentações que lhe assediavam a vida.

Todos nós — os espíritos em evolução e resgate nas trilhas do Universo — recapitulamos as experiências em que tenhamos falido. À vista disso, todas as provações na escola terrestre assumem a feição de ensinamentos e testes indispensáveis. Há quem renasça mostrando extrema beleza física, a fim de superar inclinações ao desregramento; carregando um cérebro privilegiado para vencer a vaidade da inteligência; detendo valiosa titulação acadêmica de modo a subjugar a propensão para o abuso; ou exercendo encargos difíceis nas causas nobres, de maneira a extinguir os impulsos de deserção ou deslealdade.

※

Cada qual de nós, no internato da reencarnação, é examinado nas tendências inferiores que trazemos das existências passadas, a fim de aprendermos que somente nos será possível conquistar o bem vencendo o mal que nos procure, tantas vezes quantas necessárias, mesmo além do débito pago ou da sombra extinta.

Fácil, pois, observar que, sem a presença da tentação, a virtude não aparece, e assim será sempre para que a inocência não seja uma flor estéril e para que as grandes teorias de elevação não se façam sementes frustras no campo da Humanidade.

60

Confia em Deus

Nunca percas a esperança, por pior a situação em que te vejas. E jamais condenes alguém que se haja ambarafustado no labirinto da provação.

O momento mais áspero de um problema pode ser aquele em que se lhe descobre a solução. E, em numerosos casos, a pessoa que te parece mais censurável, no mais grave delito, será talvez aquela que menos culpa carregue na trama do mal que as sombras entreteceram.

Decerto que haverá corrigenda para o erro nas trevas, pelos mecanismos da ordem, tanto quanto surgirá remédio para os enfermos pelos recursos da medicina.

Observa, no entanto, o poder misericordioso de Deus, nos menores distritos da natureza.

A semente sufocada é a que te sustentará o celeiro.

A pedra colocada em disciplina é o agente que te assegura firmeza na construção.

Aflições e lágrimas são processos da vida, em que se te acrescem as energias, a fim de que sigas à frente, na quitação dos compromissos esposados, para que se te iluminem os olhos, no preciso discernimento.

Nos dias difíceis de atravessar, levanta-te para a vida, ergue a fronte, abraça o dever que as circunstâncias te deram e abençoa a existência em que a Providência Divina te situou.

Por maiores se façam a dor que te visite, o golpe que te fira, a tribulação que te busque ou o sofrimento que te assalte, não esmoreças na fé e prossegue fiel às próprias obrigações, porque, se todo o bem te parece perdido, na fase da tarefa em que te encontras, guarda a certeza de que Deus está contigo, trabalhando no outro lado.